中国特色社会主义理论与实践研究辅导读本

主　编　毕　霞
副主编　赵　煦　李尹蒂

东南大学出版社
SOUTHEAST UNIVERSITY PRESS
·南京·

图书在版编目(CIP)数据

中国特色社会主义理论与实践研究辅导读本/毕霞
主编.—南京：东南大学出版社，2017.9(2018.7重印)
　ISBN 978-7-5641-7439-2

　Ⅰ.①中⋯　Ⅱ.①毕⋯　Ⅲ.①中国特色社会主义—社
会主义建设模式—理论研究　Ⅳ.①D616

中国版本图书馆 CIP 数据核字(2017)第 223721 号

中国特色社会主义理论与实践研究辅导读本

出版发行	东南大学出版社
出 版 人	江建中
社　　址	南京市四牌楼 2 号
邮　　编	210096
经　　销	全国各地新华书店
印　　刷	南京玉河印刷厂
开　　本	700 mm×1000 mm　1/16
印　　张	10.5
字　　数	208 千字
版　　次	2017 年 9 月第 1 版
印　　次	2018 年 7 月第 2 次印刷
书　　号	ISBN 978-7-5641-7439-2
定　　价	26.00 元

(本社图书若有印装质量问题，请直接与营销部联系，电话：025-83791830)

Preface 前言

习近平总书记在2016年召开的全国高校思想政治工作会议上指出,高等教育"要教育引导学生正确认识世界和中国发展大势,从我们党探索中国特色社会主义历史发展和伟大实践中,认识和把握人类社会发展的历史必然性,认识和把握中国特色社会主义的历史必然性,不断树立为共产主义远大理想和中国特色社会主义共同理想而奋斗的信念和信心;正确认识中国特色和国际比较,全面客观认识当代中国、看待外部世界;正确认识时代责任和历史使命,用中国梦激扬青春梦,为学生点亮理想的灯、照亮前行的路,激励学生自觉把个人的理想追求融入国家和民族的事业中,勇做走在时代前列的奋进者、开拓者;正确认识远大抱负和脚踏实地,珍惜韶华、脚踏实地,把远大抱负落实到实际行动中,让勤奋学习成为青春飞扬的动力,让增长本领成为青春搏击的能量"。为更好地贯彻习近平总书记的指示,根据中共中央宣传部、教育部对研究生思想政治理论课课程设置调整的原则,按照对"中国特色社会主义理论与实践"课程的定位,"以当代世界和当代中国为背景,用专题的形式研究和探讨当前中国特色社会主义理论和实践的重大问题,深化和拓展本科阶段的学习内容,进一步掌握中国特色社会主义理论体系,坚定中国特色社会主义信念"。河海大学将研究生"中国特色社会主义理论和实践研究"课程作为校级精品课程开展建设。课程组在多年教学改革经验积累的基础上,将编写"中国特色社会主义理论和实践研究"课外辅导教材作为建设的内容之一。

在编写过程中,我们尝试处理好与本科生阶段"毛泽东思想和中国特色社会主义理论体系概论"课程内容层次衔接,以"马克思主义理论研究和建设工程重点教材、硕士研究生思想政治理论课教学大纲(2015年修订版)"的内容设置为依据,将本书设置为九个专题,分别是"导论""当代中国的基本国情和发展实际"

"中国特色社会主义经济建设""中国特色社会主义政治建设""中国特色社会主义文化建设""中国特色社会主义社会建设""中国特色社会主义生态文明建设""中国特色社会主义领导力量""当代中国与世界"。同时为了配合研究生政治理论课"问题＋专题＋课题"的研究性教学改革,突出研究生教学中的"研究"和"实践"特点,设置了"基本内容""理论探讨""案例分析"和"延伸阅读"等模块。

本书编写过程中,大家集体讨论提出编写思路框架,课程组成员分担各章节的编写任务,主编最后审定书稿。具体分工如下:

导论	曹天航
第一讲 当代中国的基本国情和发展实际	赵 煦
第二讲 中国特色社会主义经济建设	王 萍
第三讲 中国特色社会主义政治建设	毕 霞
第四讲 中国特色社会主义文化建设	胡 芮
第五讲 中国特色社会主义社会建设	龚 艳
第六讲 中国特色社会主义生态文明建设	李映红
第七讲 中国特色社会主义领导力量	李尹蒂
第八讲 当代中国与世界	刘贺青

本书编写过程中,引用和参考了学术界的相关研究成果,对相关作者表示由衷的谢意!本书编写出版得到了东南大学出版社陈淑老师的大力支持和帮助,在此表示衷心的感谢!

本书编写时间略显仓促,加之编写者水平有限,疏漏不当之处在所难免,敬祈读者不吝教正。

本书编写组

2017 年 7 月于河海大学西康路校区

Contents 目录

导 论
一、当代中国的主题和基本问题 ········· 1
二、坚持和发展中国特色社会主义 ········· 4
三、学习本课程的目的、意义和方法 ········· 8

第一讲 当代中国的基本国情和发展实际
基本内容 ········· 11
一、当代中国的基本特点 ········· 11
二、当代中国的历史方位和重要战略机遇期 ········· 12
三、全面建成小康社会 ········· 13
四、全面深化改革 ········· 14
理论探讨 ········· 15
案例分析 ········· 21
延伸阅读 ········· 25

第二讲 中国特色社会主义经济建设
基本内容 ········· 30
一、中国特色社会主义经济制度和体制 ········· 30
二、全面深化经济体制改革 ········· 31
三、主动适应和引领经济发展新常态 ········· 32
四、推动城乡发展一体化 ········· 32
五、全面提升开放型经济水平 ········· 33
理论探讨 ········· 34
案例分析 ········· 40
延伸阅读 ········· 44

第三讲　中国特色社会主义政治建设

基本内容 ··· 49
　　一、中国特色社会主义政治理论 ··································· 49
　　二、政治发展道路的理论 ·· 50
　　三、坚持和发展人民民主 ·· 50
　　四、全面依法治国 ··· 51
　　五、积极稳妥地推进政治体制改革 ······························· 51
理论探讨 ··· 52
案例分析 ··· 57
延伸阅读 ··· 61

第四讲　中国特色社会主义文化建设

基本内容 ··· 68
　　一、中国特色社会主义文化理论、制度和发展道路 ········· 68
　　二、培育和践行社会主义核心价值观 ···························· 69
　　三、传承和弘扬中华优秀传统文化 ······························· 70
　　四、提高国家文化软实力 ·· 71
理论探讨 ··· 72
案例分析 ··· 76
延伸阅读 ··· 80

第五讲　中国特色社会主义社会建设

基本内容 ··· 86
　　一、中国特色社会主义建设理论与制度 ························· 86
　　二、维护社会公平正义 ·· 87
　　三、保障和改善民生 ··· 88
　　四、推进社会治理创新 ·· 89
理论探讨 ··· 90
案例分析 ··· 93
延伸阅读 ··· 98

第六讲 中国特色社会主义生态文明建设

基本内容 ··· 103
 一、中国特色社会主义生态文明建设的基本理论和制度 ········· 103
 二、优化国土空间开发格局 ··· 104
 三、建设资源节约型、环境友好型社会 ···························· 105
 四、实施重大生态修复工程 ··· 106
理论探讨 ··· 107
案例分析 ··· 110
延伸阅读 ··· 113

第七讲 中国特色社会主义领导力量

基本内容 ··· 121
 一、党的领导和党的建设基本理论 ·································· 121
 二、党的建设面临的新课题新考验 ·································· 123
 三、全面从严治党 ·· 123
理论探讨 ··· 124
案例分析 ··· 127
延伸阅读 ··· 134

第八讲 当代中国与世界

基本内容 ··· 139
 一、当今世界发展的新特点和新趋势 ······························· 139
 二、当代中国与世界关系的历史性变化 ···························· 140
 三、新形势下中国的国际战略 ······································· 140
 四、当代中国对外方针政策 ·· 141
理论探讨 ··· 142
案例分析 ··· 147
延伸阅读 ··· 150

参考文献 ··· 158

导 论

 教学基本要求

1. 认识和把握当代中国的主题和中国特色社会主义的基本问题。
2. 掌握中国特色社会主义道路、理论体系、制度的主要内容。
3. 了解协调推进"四个全面"战略布局对实现中华民族伟大复兴的中国梦的意义。

一、当代中国的主题和基本问题

中国特色社会主义是当代中国的主题。中国特色社会主义,是中国共产党和全国各族人民共同奋斗、创造和积累的根本成就,是改革开放以来伟大实践的科学总结,是党和人民艰苦探索的智慧结晶,集中体现了中国人民对社会主义的美好憧憬和不懈追求。在全面建成小康社会、实现中华民族伟大复兴中国梦的奋斗历程中,必须始终高举中国特色社会主义伟大旗帜,珍惜、坚持和发展中国特色社会主义。

1. 当代中国的主题

一个国家、一个政党选择和实行什么样的主义,关键就要看这个主义是否符合这个国家的国情,是否能够完成这个国家所面临的历史任务。

回望中国近代以来波澜壮阔的历史,鸦片战争之后,中国逐步沦为半殖民地半封建社会,列强侵略步步紧逼,封建统治日益衰败,祖国山河破碎、内忧外患,人民饥寒交迫、备受奴役,"中华民族到了最危险的时候",救亡图存成为最紧迫的历史课题。实现民族独立、人民解放,实现国家富强、人民富裕,成为中国人民必须完成的历史任务。在那个风雨如晦的年代,为了改变中华民族的命运,中国人民进行了千辛万苦的探索和不屈不挠的斗争。奉行各种主义的这个党、那个党都曾经登上过中国的历史舞台;君主立宪制、议会制、多党制、总统制等也都曾经在中国试验过。我们见过复辟的皇帝,也见过走马的总统,这个主义、那个运动我们都试遍了,但结果都行不通。

十月革命一声炮响,给我们送来了马克思列宁主义。俄国十月革命的胜利,给中华民族和中国人民指出了一个全新的方向,提供了一种崭新的选择。在马克思列宁主义同中国工人运动相结合的进程中,中国共产党诞生了,将马克思列宁主义与中国实际相结合,找到一条正确的道路,带领人民完成了新民主主义革命,实现了民族独立和人民解放,建立了新中国。中华人民共和国的成立,彻底结束了旧中国半封建半殖民地社会的历史,彻底结束了旧中国一盘散沙的局面,彻底废除了列强强加给中国的不平等条约和帝国主义在中国的一切特权,使中国人民成为国家、社会和命运的主人,实现了国家高度统一和各民族空前团结。中国人民从此站立起来了,中华民族的发展开启了新的纪元。除了社会主义,别的都没能让我们站起来,只有社会主义才能救中国。这是历史的结论,也是人民的选择。

时至今日,我国发展的广度和深度已经远远超出马克思主义经典作家当时的想象,综合国力与日俱增,人民生活水平不断提高。中国共产党执政六十多年来,经过不懈的探索和实践,特别是不断推进改革开放,带领人民开创、坚持和发展了中国特色社会主义。

中国特色社会主义是科学社会主义理论逻辑和中国社会发展历史逻辑的辩证统一,蕴含着鲜明的实践特色、理论特色、民族特色、时代特色。改革开放和社会主义现代化建设的伟大实践为中国特色社会主义奠定了深厚的实践基础,并赋予其鲜明的实践品格;中国特色社会主义是在不断总结历史经验和实践经验基础上的理论升华,是在实践创新过程中不断推进理论创新的过程,是对规律的深入探索和对真理的深刻认识,是中国共产党和人民群众集体智慧的结晶;中国特色社会主义立足中国基本国情,汲取中华民族优秀文化传统的丰富营养,具有鲜明的民族特色、中国风格;中国特色社会主义是我们党积极适应世界形势变化,认真汲取世界社会主义运动的经验教训,在竞争比较中学习借鉴人类一切有益文明成果而创立和发展起来的,深刻反映了中国共产党人以宽广眼界观察世界,以科学思维审视时代,与时俱进、求真务实的宝贵品格。我们坚信,随着实践的发展,中国特色社会主义制度将越来越成熟,越来越显现其优越性,我们的道路也必将越走越宽广。

2. 中国特色社会主义的基本问题

坚持和发展中国特色社会主义,是一项前无古人的伟大事业,有各种各样的问题需要做出回答,其中最根本的是要从理论和实践上清醒认识和科学回答四个基本问题:什么是马克思主义、怎样对待马克思主义,建设什么样的社会主义、怎样建设社会主义,建设什么样的党、怎样建设党,实现什么样的发展、怎样发展。中国特色社会主义的全部理论与实践就是紧紧围绕这四个基本问题展开的。

什么是马克思主义、怎样对待马克思主义,这是回答坚持和发展中国特色社会主义的指导思想是什么的重大问题。中国人民从长期革命、建设和改革的实践中深刻认识到,马克思主义是引领我们前进的旗帜。马克思主义最根本的世界观和方法论是辩证唯物主义和历史唯物主义;马克思主义最崇高的社会理想是实现物质财富极大丰富、人民精神境界极大提高、每个人自由而全面发展的共产主义社会;马克思主义最鲜明的政治立场是坚持人民群众是历史的创造者、致力于实现最广大人民的根本利益;马克思主义最重要的理论品质是坚持一切从实际出发、理论联系实际,实事求是,在实践中检验真理和发展真理。坚持马克思主义,必须以科学的态度对待马克思主义。历经时代的洗礼,马克思主义放射出更加灿烂的光芒,马克思主义作为颠扑不破的科学真理,具有鲜明的科学性和真理性,任何时候都要坚持,否则就会因为没有正确的理论基础和思想灵魂而迷失方向,就会归于失败。同时,要坚持解放思想、实事求是、与时俱进、求真务实,以改革开放和现代化建设的实际问题、以我们正在做的事情为中心,着眼于马克思主义理论的运用,着眼于对实际问题的理论思考,着眼于新的实践和新的发展,不断推进理论创新,用发展着的马克思主义指导新的实践。历史和现实表明,在当代中国,坚持中国特色社会主义理论体系,就是真正坚持马克思主义。

建设什么样的社会主义、怎样建设社会主义,这是坚持和发展中国特色社会主义首先要回答的基本问题。中国走上社会主义道路,实现了中国历史上最深刻最伟大的社会变革。改革开放以来,中国共产党在以往探索和实践的基础上,紧紧抓住这个基本问题进行深入探索,明确提出我国仍处于并将长期处于社会主义初级阶段;社会主义的本质是解放生产力,发展生产力,消灭剥削,消除两极分化,最终达到共同富裕;中国特色社会主义的本质属性是社会和谐,中国特色社会主义的内在要求是公平正义;必须坚持以经济建设为中心,坚持四项基本原则、坚持改革开放;社会主义的根本要求是促进人的全面发展;等等。这一系列新思想新观点,既坚持了科学社会主义原则,又根据时代条件和人民愿望发展了社会主义,比较系统地回答了在中国这样一个经济文化相对落后的国家建立社会主义制度以后,怎样建设、巩固和发展社会主义这一关键问题,深化了对社会主义建设规律的认识。走中国特色社会主义道路,这是我们党从长期探索中得出的基本结论。中国特色社会主义道路既坚持了科学社会主义的基本原则,又根据我国实际和时代特征赋予其鲜明的中国特色。在当代中国,坚持中国特色社会主义道路,就是真正坚持社会主义。

建设什么样的党、怎样建设党,这是关系坚持和发展中国特色社会主义领导核心的重大问题,也是中国共产党自成立以来始终面临的一个重大问题。我国实行的中国共产党领导的多党合作和政治协商制度,是我国近代以来历史发展的必然结果,体现了社会主义制度的本质要求,和我国疆域广大、人口众多、民族众多等基本国情相适应,是有利于国家发展、民族团结、经济繁荣、社会进步的基本政治制度。坚持和完善中国共产党领导的多党合作和政治协商制度,必须始终坚持中国共产党的领导,使党的领导在团结合作和民主协商中得到加强,确保多党合作的正确政治方向。改革开放以来,中国共产党坚持把推进中国特色社会主义伟大事业和推进党的建设新的伟大工程紧密结合起来,把握党的历史方位的变化,紧紧围绕提高领导水平和执政能力与增强拒腐防变、抵御风险能力这两大历史性课题,提出以改革创新精神全面推进党的建设伟大工程、全面提高党的建设科学化水平的重大任务,提出牢牢把握加强党的执政能力建设、先进性和纯洁性建设这条主线,牢固树立马克思主义群众观点,全面加强党的思想建设、组织建设、作风建设、反腐倡廉建设、制度建设,建设学习型、服务型、创新型的马克思主义执政党,确保党始终成为中国特色社会主义事业领导核心的目标要求等,丰富和发展了马克思主义建党学说,深化了对共产党执政规律的认识。

实现什么样的发展、怎样发展,这是回答坚持和发展中国特色社会主义的方式、途径和目标任务的重大问题。改革开放以来,正是因为我们坚持以经济建设为中心,聚精会神搞建设、一心一意谋发展,始终把发展作为解决中国一切问题的"总钥匙",任何时候任何情况下都不动摇、不懈怠、不折腾,使我们进入了一个历史上少有的快速发展阶段。中国共产党提出:建设社会主义的根本任务是解放和发展社会生产力,满足人民群众日益增长的物质文化需要,发展才是硬道理,明确提出分"三步走"、基本实现现代化的战略步骤,提出坚持发展这个第一要务、以人为本这个核心立场、全面协调可持续这个基本要求、统筹兼顾这个根本方法,坚持发展为了人民、发展依靠人民、发展成果由人民共享等重大论断,解决了中国特色社会主义的发展目的、发展理念、发展方式、发展动力等问题,标志着中国共产党对发展问题的认识达到了新的高度,深化了对人类社会发展规律的认识。改革开放是当代中国发展进步的动力之源,是坚持和发展中国特色社会主义、实现中华民族伟大复兴的必由之路;只有社会主义才能救中国,只有改革开放才能发展中国、发展社会主义、发展马克思主义。

二、坚持和发展中国特色社会主义

中国特色社会主义是由道路、理论体系、制度三位一体构成的,是实践、理论、制度紧密结合的,既把成功的实践上升为理论,又以正确的理论指导新的实践,还把实践中行之有效的方针政策及时确立为制度。中国特色社会主义道路是实现途径,中国特色社会主义理论体系是行动指南,中国特色社会主义制度是根本保障。中国特色社会主义特就特在其道路、理论体系、制度上,特就特在其实现途径、行动指南、根本保障的内在联系上,特就特在这三者统一于中国特色社会主义的伟大实践上。

1. 坚持和发展中国特色社会主义道路、理论体系和制度

中国特色社会主义道路，就是在中国共产党领导下，立足基本国情，以经济建设为中心，坚持四项基本原则，坚持改革开放，解放和发展社会生产力，建设社会主义市场经济、社会主义民主政治、社会主义先进文化、社会主义和谐社会、社会主义生态文明，促进人的全面发展，逐步实现全体人民共同富裕，建设富强民主文明和谐的社会主义现代化国家。中国共产党坚持从中国国情出发，既不走封闭僵化的老路，也不走改旗易帜的邪路，遵循社会发展规律，带领中国人民历经几十年艰苦探索，成功开辟出中国特色社会主义道路。鞋子合不合脚，自己穿了才知道。中国特色社会主义道路，既不是"传统的"，也不是"外来的"，更不是"西化的"，而是我们自己的独创，是一条特色鲜明的民族复兴、国家富强、人民幸福之路。中国特色社会主义道路的开创，承接着历史的选择，回应着时代的要求，反映着人民的愿望，也体现着人类文明进步的趋势和方向，具有深厚的历史渊源和广泛的现实基础。坚定不移地走中国特色社会主义道路，是发展中国、稳定中国的必由之路，是实现民族复兴、人民幸福的历史要求，也是对人类文明进步独特而巨大的贡献。

中国特色社会主义理论体系，就是包括邓小平理论、"三个代表"重要思想、科学发展观在内的科学理论体系，是对马克思列宁主义、毛泽东思想的坚持和发展。党的十八大以来，习近平总书记从时代和全局高度，围绕改革发展稳定、内政外交国防、治党治国治军，发表了一系列重要讲话。习近平总书记系列重要讲话科学回答了当代中国面临的一系列重大问题，鲜明地提出了新形势下党治国理政的一系列方略，特别是"四个全面"战略布局，开拓了马克思主义发展的新境界，是中国特色社会主义理论体系的最新成果，是指导具有许多新的历史特点的伟大斗争最鲜活的马克思主义。中国特色社会主义理论体系是我们事业的灵魂、行动的指南，回答了人类文明发展的一般规律、社会主义发展的一般规律和党执政的规律，是马克思主义与中国具体实践结合的理论结晶。没有科学的理论，就没有科学的实践，只有中国特色社会主义理论体系，才能正确地指导中国特色社会主义伟大实践，才能在中国特色社会主义理论与实践的结合中形成中国特色社会主义道路，并与时俱进，不断以新的思想观点丰富和发展中国特色社会主义理论体系。

中国特色社会主义制度，就是人民代表大会制度的根本政治制度，中国共产党领导的多党合作和政治协商制度、民族区域自治制度以及基层群众自治制度等基本政治制度，中国特色社会主义法律体系，公有制为主体、多种所有制经济共同发展的基本经济制度，以及建立在这些制度基础上的经济体制、政治体制、文化体制、社会体制等各项具体制度。我们在不断探索中逐步建立起体现国家和人民意志，把党的领导、人民当家作主和依法治国高度统一起来的中国特色社会主义制度。中国特色社会主义制度，符合中国国情，顺应时代潮流，特色鲜明、富有效率，有利于保持党和国家活力,调动广大人民群众和社会各方面的积极性、主动性、创造性;有利于解放和发展社会生产力,推动经济社会全面发展;有利于维护和促进社会公平正义,实现全体人民共同富裕;有利于集中力量办大事,有效应对前进道路上的各种风险挑战;有利于维护民族团结、社会稳定、国家统一,是我们自立于世界民族之林、国家富强、人民幸福安康的根本保障。只有把中国特色社会主义理论、中国特色社会主义道路经验转化为中国特色社会主义制度,才能从根本上保障国家统一、民族团结、社会和谐,保障各族人民的根本利益,保障我们的事业生生不息、胜利前进。

在当代中国,坚持和发展中国特色社会主义,最根本的就是要坚持和拓展中国特色社会主义道路,坚持和丰富中国特色社会主义理论体系,坚持和完善中国特色社会主义制度。

2. 实现中华民族伟大复兴的中国梦

实现中华民族伟大复兴的中国梦,必须正确认识和把握建设中国特色社会主义的总依据、总布局和总任务。

建设中国特色社会主义的总依据,是我国正处于并将长期处于社会主义初级阶段。坚持和发展中国特色社会主义,必须始终以社会主义初级阶段为总依据,正确把握社会主义初级阶段的科学内涵及其长期性特征,在任何情况下都要牢牢把握这个最大国情,推进任何方面的改革发展都要牢牢立足这个最大实际。不仅在经济建设中要始终立足初级阶段,而且在政治建设、文化建设、社会建设、生态文明建设中,也要始终牢记初级阶段;不仅在经济总量低时要立足初级阶段,而且在经济总量提高后仍然要牢记初级阶段;不仅在谋划长远发展时要立足初级阶段,而且在日常工作中也要牢记初级阶段。党的基本路线是根据总依据提出来的,是党和国家的生命线,其主要内容是坚持以经济建设为中心,坚持四项基本原则,坚持改革开放,即"一个中心、两个基本点"。它充分体现了社会主义本质的要求,反映了中国特色社会主义发展的根本规律,代表了我国各族人民的根本利益与愿望,是建设中国特色社会主义理论和实践的总纲。在新的历史起点上发展中国特色社会主义,是一项长期的艰巨的历史任务,我们必须始终保持清醒的头脑,既不妄自菲薄,也不妄自尊大,居安思危,戒骄戒躁,迎难而上,扎实工作,坚决抵制抛弃社会主义的各种错误主张,自觉纠正超越阶段的错误观念和政策措施,不断夺取中国特色社会主义新胜利。

建设中国特色社会主义的总布局,是经济建设、政治建设、文化建设、社会建设、生态文明建设"五位一体"。中国特色社会主义是全面发展的社会主义。改革开放以来,中国共产党着眼于实现社会主义现代化和中华民族伟大复兴,不断深化经济、政治、文化体制及其他方面的改革,对全面推进中国特色社会主义事业形成了"五位一体"总布局,这是我们党对社会主义建设规律的认识不断深化的结果,展现了中国特色社会主义建设实践的不断丰富、日趋完善的生动历程,标志着党对中国特色社会主义建设的认识提高到了一个新的水平。中国特色社会主义经济建设、政治建设、文化建设、社会建设和生态文明建设是相互联系、相互促进的有机整体。其中,经济建设是中心,为其他建设提供物质基础;政治建设是方向,为其他建设提供政治保障;文化建设是灵魂,为其他建设提供精神动力;社会建设是支撑,为其他建设提供社会条件;生态文明建设是根基,为其他建设提供生态环境,并渗透、贯穿于其他建设之中。面向未来,必须全面落实经济建设、政治建设、文化建设、社会建设、生态文明建设"五位一体"的总布局,着力推动中国特色社会主义事业全面发展进步。

建设中国特色社会主义的总任务,是实现社会主义现代化和中华民族伟大复兴的中国梦。中国梦是实现中华民族伟大复兴的形象表达,其基本内涵是国家富强、民族振兴、人民幸福。继续推进中国特色社会主义,就要始终聚焦这个总任务,紧紧扭住这个总任务,一代一代锲而不舍地干下去。实现中国梦,必须坚持走中国道路、弘扬中国精神、凝聚中国力量;必须立足于当代中国实际,紧紧依靠全体人民的力量,最广泛地造福全国各族人民。实现中国梦,是物质文明和精神文明均衡发展、相互促进的结果。实现中国梦,需要推动中华文明时代化传承、创造性转化、创新性发展。幸福不会从天而降,梦想不会自动成真,实现中华民族伟大复兴,是一项光荣而艰巨的事业,需要每一个人付出辛勤劳动和艰苦努力,用实干托起中国梦。必须全面贯彻尊重劳动、尊重知识、尊重人才、尊重创造的方针,不断增强全社会的进取精神和创造活力。只要我们胸怀理想、坚定信念,不动摇、不懈怠、不折腾,顽强奋斗、艰苦奋斗、不懈奋斗,一步一个脚印地朝着既定目标前进,中华民族伟大复兴的梦想一定会变成现实。

3. 协调推进"四个全面"战略布局

"四个全面"战略布局是党坚持和发展中国特色社会主义的新实践新成果,是对党治国理政经验的科学总结和丰富发展,集中体现了时代和实践发展对党和国家工作的新要求,是实现中华民族伟大复兴的中国梦、续写中国特色社会主义新篇章的行动纲领。

习近平总书记坚持问题导向和科学思维,以当代中国共产党人的全局视野和战略眼光,坚定中国自信、立足中国实际、总结中国经验、针对中国难题,提出"四个全面"战略布局。这"四个全面",是从我国发展的现实需要中得出来的,是从人民群众的热切期待中得出来的,是为推动解决我们面临的突出矛盾和问题提出来的,立足治国理政全局,抓住改革发展稳定关键,统领中国发展总纲,确立了新形势下党和国家各项工作的战略方向、重点领域、主攻目标。

"四个全面"相辅相成、相互促进、相得益彰,每一个"全面",都是一整套结合实际、继往开来、勇于创新、独具特色的系统思想,闪耀着辩证唯物主义和历史唯物主义的理论光辉。习近平总书记第一次将全面建成小康社会,定位为"实现中华民族伟大复兴中国梦的关键一步";第一次将全面深化改革的总目标,确定为"完善和发展中国特色社会主义制度、推进国家治理体系和治理能力现代化";第一次将全面依法治国这一战略举措,论述为全面深化改革的"姊妹篇",形成"鸟之两翼、车之双轮";第一次为全面从严治党标定清晰路径,要求"增强从严治党的系统性、预见性、创造性、实效性",锻造我们事业更加坚强的领导核心。"四个全面"既有目标又有举措,既有全局又有重点,每一个"全面"都具有重大的战略意义。发展是时代的主题和世界各国的共同追求,改革是社会进步的动力和时代潮流,法治是国家治理体系和治理能力现代化的重要保障,从严治党是执政党加强自身建设的必然要求。四者不是简单并列关系,而是有机联系、相互贯通的顶层设计。建成小康社会、焕发改革精神、增强法治观念、落实从严治党,"四个全面"的主线,勾绘出的是社会主义中国的未来图景。"四个全面"彰显了马克思主义与时俱进的理论品质,是最新科学社会主义观一系列基本理论观点的总概括,是中国共产党人坚定不移地坚持马克思主义的基本理论和基本信仰、继承党的思想理论建设优良传统的必然成果,是我们实现中国梦的共同思想基础,是我们从胜利走向新胜利的行动指南。它统一于党治国理政的伟大实践,统一于中国与世界的深刻互动,兼顾中国特色和世界潮流。它深化了对共产党执政规律、社会主义建设规律、人类社会发展规律的认识,是我们党把马克思主义基本原理和中国实际相结合的又一次重大突破。

站在历史与未来的交汇点,更伟大的征程正在我们面前展开。谋小康之业、扬改革之帆、行法治之道、筑执政之基,这是一场艰苦的奋斗,也是一次豪迈的进军。行走在复兴之路上,中国的昨天,雄关漫道真如铁;中国的今天,人间正道是沧桑;中国的明天,直挂云帆济沧海。

三、学习本课程的目的、意义和方法

"中国特色社会主义理论与实践研究"是硕士研究生思想政治理论课的必修课程,是在本科生思想政治理论课的基础上开设的,与本科生思想政治理论课在基本内容上有衔接,但在层次要求上有很大不同。这门课程的内容既包括理论,又包括实践,即中国特色社会主义道路的形成和发展以及建立的制度体系,同时,"研究"课也更加注重学习内容的学术性和学理性。学好这门课程,应当明确学习的目的和意义,掌握正确的学习方法。

1. 学习本课程的目的和意义

学习本课程的目的是深化对中国特色社会主义重大理论与实践问题的认识,

掌握中国特色社会主义理论体系的主要内容,提高运用这一理论分析和解决实际问题的能力和本领。境界决定眼界,境界有多高,眼界就有多宽。硕士研究生是青年中思想最活跃、知识层次较高的群体。学习这门课程,对于硕士研究生的成长成才具有重要意义:

一是有助于系统了解中国特色社会主义理论发展和实践探索最新成果,牢固树立中国特色社会主义理想信念。本课程从理论和实践的结合上,对中国特色社会主义理论体系、当代中国基本国情和中国特色社会主义经济建设、政治建设、文化建设、社会建设、生态文明建设以及党的建设、国际战略等方面进行了专题阐述。学习这门课程,有助于全面了解中国特色社会主义的基本理论观点,深刻把握中国特色社会主义的科学真理性和历史必然性,不断增强中国特色社会主义道路自信、理论自信、制度自信。

二是有助于认识世情国情党情新变化,把握社会发展趋势,促进成长成才。本课程着重阐述了中国特色社会主义开创、发展和完善的时代背景、历史条件、实践基础等问题,进一步揭示了中国特色社会主义是当代中国发展进步的根本方向。学习这门课程,有助于将当前学习和未来发展有机衔接起来,将个人发展同社会发展趋势结合起来,融会贯通、学以致用,在时代大潮中建功立业,成就宝贵人生。

三是有助于树立正确的世界观、人生观、价值观,自觉担当起实现中国梦的历史使命。中国梦是国家情怀、民族情怀、人民情怀相统一的梦,是中华民族近代以来最伟大的梦想,我们现在比历史上任何时期都更接近中华民族复兴的目标。学习这门课程,有助于牢固树立为实现民族复兴中国梦而奋斗的信心,自觉培育和践行社会主义核心价值观,做到勤学、修德、明辨、笃实,扣好人生每一个阶段的"扣子",使人生有信念、有梦想、有奋斗、有奉献。

2. 学习本课程的方法

硕士研究生的学习不同于本科阶段的学习,应该更加注重学习的理论性、研究性,更加注重在学习基本知识的基础上,不断增强独立研究和思考问题的能力,努力达成新认识、收获新体会。本课程的学习方法主要有:

一是要同研读马克思主义经典著作结合起来。青年时代是世界观形成时期,也是系统接收科学的世界观和方法论的重要时期。认真研读马克思主义经典著作,掌握贯穿其中的马克思主义立场、观点、方法,是树立科学的世界观、掌握正确的方法论的重要前提。学习本课程,必须把学习课程知识同学习马克思主义经典著作结合起来,努力掌握其中蕴含的科学内涵和精神实质,不断提高理论素养、夯实理论基础。

二是要同研究重大理论和实际问题结合起来。理论联系实际是马克思主义最重要的方法论原则之一。理解和把握中国特色社会主义理论体系,要在掌握相关理论、观点和知识的基础上,加强对中国特色社会主义重大问题的研究和思考。学习这门课程,必须增强对基本原理的理解和把握,强化问题意识,深入研究改革开放和现代化建设面临的重大理论和实际问题,不断提高分析问题和解决问题的能力。

三是要同提高人文素养和思维能力结合起来。中国特色社会主义理论与实践研究,涉及哲学、政治经济学、科学社会主义等各学科原理,涵盖经济、政治、文化、社会和生态等各领域专业知识,学习时应注意与其他学科的知识结合起来。同时,中国特色社会主义又是在把握各种机遇和应对各方面挑战中开创和向前发展的,这就要求我们一方面要拓展专业学习视野,把思想政治理论学习同专业知识的学习和实际能力的提升结合起来,广泛了解经济、政治、文化、科技、社会等各方面的新思想、新知识,提高综合素质特别是人文素养;另一方面要加强战略思维、历史思维、辩证思维、创新思维和底线思维,切实提升思维能力。只有这样,才能更全面深刻地认识和了解中国特色社会主义,更加坚定中国特色社会主义自信。

思考题

1. 如何理解中国特色社会主义是当代中国的主题?
2. 如何把握中国特色社会主义的科学内涵?
3. 如何理解实现中华民族伟大复兴的中国梦?
4. 如何认识"四个全面"战略布局的重大意义?
5. 结合实际,谈谈对学习本课程意义和方法的认识。

第一讲　当代中国的基本国情和发展实际

 教学基本要求

1. 了解当代中国基本国情的基本特点和阶段性变化。
2. 认识当代中国的历史方位和重要战略机遇期。
3. 把握全面建成小康社会的战略目标和任务。
4. 理解全面深化改革的紧迫性和基本要求。

一、当代中国的基本特点

1. 中国正处于并将长期处于社会主义初级阶段

社会主义初级阶段，特指中国走上了社会主义道路但尚不发达的阶段，是经济文化比较落后的中国实现社会主义现代化不可逾越的历史阶段。长期处于社会主义初级阶段，是当代中国的最大国情、最大实际。

经过 30 多年的改革开放，社会主义市场经济蓬勃发展，经济实力、综合国力迈上了新台阶，人民生活水平总体上达到小康，国家各项事业取得了巨大成就。但中国人口多、底子薄、生产力不发达的状况没有根本改变，从人口的数量和质量、人均国内生产总值、人民生活水平、资源占有情况、工业化和城市化程度等方面看，我国现在达到的小康还是低水平的、不全面的、发展很不平衡的小康，中国仍然是一个发展中国家。中国仍处于并将长期处于社会主义初级阶段的基本国情没有变，人民日益增长的物质文化需要同落后的社会生产之间的矛盾这一社会主要矛盾没有变，中国是世界上最大的发展中国家的国际地位没有变。这是对中国基本国情的清醒定位和科学认识，是认识当下、规划未来、制定政策、推进事业的客观基点。

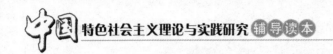

2. 当前中国发展的阶段性特征和趋势性变化

社会主义初级阶段是一个相当长的历史发展阶段,在发展中必然经历若干具体的发展阶段。因此,既要看到我国社会主义初级阶段的基本国情没有变,又要清醒认识和准确把握我国经济社会发展的阶段性特征和趋势性变化。

当前,中国发展呈现出一系列新的阶段性特征:一是经济实力显著增强,同时生产力水平总体上还不高,自主创新能力不足。二是社会主义市场经济体制初步建立,同时影响发展的体制机制障碍依然存在,各方面制度仍需要更加成熟更加定型,改革攻坚还面临很多没有弄清楚的问题和待解的难题。三是人民生活总体上达到小康水平,同时收入分配差距拉大趋势还未根本扭转,城乡贫困人口和低收入人口还有相当数量,医疗、养老、住房等诸多民生问题还有许多不尽如人意、有待改进的地方。四是协调发展取得显著成绩,同时农业基础薄弱、农村发展滞后的局面尚未改变,缩小城乡、区域发展差距和促进经济社会协调发展任务艰巨。五是社会主义民主和法制建设顺利推进,同时民主法治建设与党和国家事业发展要求、人民群众期待、推进国家治理体系和治理能力现代化目标等相比,还存在不适应、不符合的问题。六是社会主义文化更加繁荣,同时人民精神文化需求日趋旺盛,人们思想活动的独立性、选择性、多变性、差异性明显增强,对发展社会主义先进文化提出了更高要求。七是社会活力显著增强,同时社会结构、社会组织形式、社会利益格局发生深刻变化,社会建设和治理面临诸多新课题。八是对外开放日益扩大并不断向广度和深度发展,同时面临的国际竞争日趋激烈,发达国家在经济、科技上占优势的压力长期存在,可以预见和难以预见的风险增多,统筹国内发展和对外开放要求更高。

在新的发展起点上,中国经济发展在消费需求、投资需求、出口和国际收支、生产能力和产业组织方式、生产要素相对优势、市场竞争特点、资源环境约束、经济风险积累和化解、资源配置模式和宏观调控方式等方面表现出趋势性变化,经济发展进入新常态。我国经济发展基本面长期趋好,正从高速增长转为中高速增长,从规模速度型粗放增长转向质量效率型集约增长,从要素投资驱动转向创新驱动阶段。

这些阶段性特征和趋势性变化,是社会主义初级阶段基本国情的具体表现,是我国发展过程中矛盾和问题的集中体现。深刻把握这些阶段性特征,抓紧采取措施解决前进中的突出矛盾和问题,直接关系到我国经济社会的长远发展。

二、当代中国的历史方位和重要战略机遇期

1. 当代中国的历史方位

历史方位,是指一个国家、一个民族在历史发展进程中所处的位置。一个国家的进步,只有从历史发展的坐标上去认识,才能更加准确;一个社会的变革,只有从

时代发展的趋势中去把握,才能更清晰。从历史方位看,当代中国最鲜明的特点是改革开放;当代中国正处于工业化、信息化、城镇化、市场化、国际化深入发展时期;当代中国与世界的关系发生了历史性变化;当代中国处于实现民族复兴中国梦的关键时期。

2. 中国发展的重要战略机遇期

战略机遇期,主要是指有利于战略实施的历史阶段及其背景、环境和条件,具有时间的长期性、空间的开放性、影响的全局性等特点。一个国家、一个民族要赢得主动、赢得优势,就必须敏锐地发现机遇,紧紧抓住和用好机遇。

2002年,党的十六大在深刻分析国际国内形势的基础上,明确提出21世纪头20年是必须紧紧抓住并且大有作为的重要战略机遇期。2012年,党的十八大报告再次明确指出,"综观国际国内大势,我国发展仍处于可以大有作为的重要战略机遇期。我们要准确判断重要战略机遇期内涵和条件的变化,全面把握机遇,沉着应对挑战,赢得主动,赢得优势,赢得未来,确保到二〇二〇年实现全面建成小康社会宏伟目标"。当前,中国经济发展进入新常态,重要战略机遇期的内涵和条件发生很大变化,作出"我国发展仍处于可以大有作为的重要战略机遇期"这一科学判断的主要根据在于以下几个方面:

一是当前和今后一个时期的国际环境总体上有利于中国发展。和平与发展仍然是时代主题,和平、发展、合作、共赢成为时代潮流,世界多极化和经济全球化深入发展,国际力量对比朝着有利于维护和平与发展的方向变化,中国国际影响力和国际地位明显提高。二是中国经济发展总体向好的基本面没有改变。虽然我国经济发展面临多种矛盾和风险,但我国全面深化改革不断释放生产力,为保持我国经济社会持续健康发展创造了有利条件,提供了广阔空间。三是中国特色社会主义道路、理论体系、制度更加成熟;中国特色社会主义道路更加宽广,社会主义初级阶段的基本理论、基本路线、基本纲领、基本经验、基本要求得到确立和发展,中国特色社会主义制度坚持把根本政治制度、基本政治制度、基本经济制度以及各方面体制机制有机结合,成为中国发展进步的根本制度保障。中国特色社会主义道路、理论体系、制度统一于中国特色社会主义的伟大实践,为发展中国特色社会主义奠定了坚实基础,成为应对各种风险挑战、推动当代中国发展进步的"定海神针"。

三、全面建成小康社会

1. 全面坚持小康社会是实现中国梦的关键一步

"小康"一词早在西周时期就已经出现了,可见,小康是中华民族千百年来追求的社会理想。邓小平在设计我国改革开放和社会主义现代化建设蓝图时,首先使用了"小康"概念,勾画了中国1980年到21世纪中叶的发展道路。党的十二大明确提出把"小康"作为主要奋斗目标和经济社会发展的阶段性标志。党的十三大根据"三步走"的战略构想,把"人民生活达到小康水平"上升为国家战略。世纪之交,我国实现了国内生产总值翻两番,人民生活总体上达到小康水平。党的十六大提出"全面建设小康社会"的奋斗目标,并在新世纪第一个十年中取得一系列新的历史性成就,经济总量从世界第六位跃升到第二位,为全面建成小康社会打下了坚实基础。党的十八大在十六大、十七大确立的全面建设小康社会目标的基础上,提出了全面建成小康社会的更高要求。党的十八大以来,习近平围绕全面建成小康社会,提出一系列新思想、新论断、新要求,科学回答了全面建成小康社会面临的诸多重大问题,把全面建成小康社会的图景更具体地呈现在全国人民面前。

从解决温饱到小康水平,从总体小康到全面小康,再到全面建成小康,这一系列奋斗目标的提出、发展和完善,表明了中国共产党对什么是小康社会、如何建成小康社会认识的深化,为实现民富国强的中国梦提供了清晰的路线图和明确的历史方位,反映了中国特色社会主义道路在实践中的不断拓展,展示了中国特色社会主义事业全面发展的美好图景。全面建成小康社会,是统领当代中国经济社会发展全局的战略目标,是实现中华民族伟大复兴的中国梦的重要里程碑。当前,我国正处于全面建成小康社会的决定性阶段。深刻认识全面建成小康社会的重要性、紧迫性,深刻把全面建成小康社会的各项决策部署落实到实处,对于协调推进"四个全面"战略布局、实现中华民族伟大复兴的中国梦具有重大意义。

2. 全面建成小康社会的目标任务

全面建成小康社会的目标任务与中国特色社会主义总布局相一致,涉及经济建设、政治建设、文化建设、社会建设、生态文明建设各方面,既与十六大、十七大提出的全面建设小康社会目标相衔接,又更切合我国新的发展实际,更顺应人民意愿,体现了中国特色社会主义全面发展的内在要求。一是经济持续健康发展。到2020年实现GDP和城乡居民人均收入比2010年翻一番,基本实现工业化、信息化、城镇化和农业现代化。二是人民民主不断扩大。中国特色社会主义制度更加完善,中国特色社会主义法治体系和法治国家的建设目标基本实现,人民群众的积极性、主动性、创造性进一步发挥,我国社会主义民主政治展现出更加旺盛的生命力。三是国家文化软实力显著增强。社会主义核心价值体系深入人心,社会主义核心价值观广泛践行,公民文明素质和社会文明程度显著提高。四是人民生活水平全面提高。在经济发展基础上全面提高人民物质文化生活水平,中国人民在共同富裕的道路上奋力前行。五是资源节约型、环境友好型社会建设取得重大进展,形成人与自然和谐发展的现代化建设新格局。

四、全面深化改革

全面深化改革是全面建成小康社会的动力源泉,也是破解我国面临的突出矛盾和问题的必由之路。

1. 改革进入攻坚期和深水区

经过30多年的发展,中国改革到了一个新的历史关头,进入攻坚期和深水区。做出这样的判断是因为:一是当代中国的改革在激烈的国际竞争中前行,处于迎接世界挑战、实现更大发展的重要时期。二是当前改革需要解决的问题格外艰巨。改革是一场深刻的革命,涉及重大利益关系调整,涉及各方面体制机制完善。三是实现全面建成小康社会的奋斗目标,对全面深化改革提出了更加迫切的要求。改革成就日益凸显,唤起人民群众对改革的更大期待。同时,发展中不平衡、不协调、不可持续的问题也逐渐凸显,使改革面临的社会矛盾和各种安全风险挑战前所未有。

2. 全面深化改革的目标和任务

完善和发展中国特色社会主义制度,推进国家治理体系和治理能力现代化,是全面深化改革的总目标。加快发展社会主义市场经济、民主政治、先进文化、和谐社会生态文明,是全面深化改革的具体目标和工作任务。进一步解放思想、解放和发展生产力、解放和增强社会活力,是全面深化改革的根本任务。经济体制改革是全面深化改革的重点,核心是处理好政府和市场的关系,使市场在资源配置中起决定性作用和更好发挥政府作用。

3. 全面深化改革的原则和方法

全面深化改革是一项宏大而复杂的系统工程,是各领域改革和改进的联动与集成,必须全面系统推进;全面深化改革必须坚持正确方向。全面深化改革是在中国特色社会主义道路上不断前进的改革,而不是对社会主义制度的改弦易辙;全面深化改革必须坚持问题导向。要树立强烈的问题意识,以重大问题为导向,抓住关键问题进一步研究思考,着力推动解决我国发展面临的一系列突出矛盾和问题;全面深化改革必须切实遵循改革内在规律,正确处理好解放思想和实事求是、整体推进和重点突破、全局和局部、顶层设计和摸着石头过河、胆子要大和步子要稳、改革发展稳定等关系;全面深化改革必须把改革举措落到实处。必须以更大的政治勇气和智慧、更有力的措施和办法推进改革,确保全面深化改革取得实效。

核心观点:改革开放以来,我国顺应经济全球化趋势,积极参与国际分工和国际竞争,国内经济与世界经济的联系日益紧密。特别是自2001年加入WTO后,我国经济融入世界经济的进程不断加快,对外经济发展的潜力和活力持续迸发。

我国迅速崛起为贸易大国、利用外资大国和对外投资大国,综合国力和国际竞争力显著提升。2002年5月31日,中共中央在党的十六大开幕之前指出:"纵观全局,二十一世纪头一二十年,对我国来说,是必须紧紧抓住并且可以大有作为的重要战略机遇期。"这是中央高层首次正式提出"战略机遇期"的概念。党的十六大报告再次对这一论断进行了阐述,指出"二十一世纪头二十年,对中国来说是一个必须紧紧抓住并且可以大有作为的重要战略机遇期"。2010年,党的十七届五中全会再次确认这个论断,"综合判断国际国内形势,中国发展仍处于可以大有作为的重要战略机遇期"。党的十八大在重申这一论断的同时,强调要准确判断重要战略机遇期内涵和条件的变化。2012年12月召开的中央经济工作会议进一步指出:"从国际环境看,我国发展仍处于重要战略机遇期的基本判断没有变。同时,我国发展的重要战略机遇期在国际环境方面的内涵和条件发生很大变化。我们面临的机遇,不再是简单纳入全球分工体系、扩大出口、加快投资的传统机遇,而是倒逼我们扩大内需、提高创新能力、促进经济发展方式转变的新机遇。"

观点纷呈:

1. 美国对华转向全面遏制,中国战略机遇期悄然结束

21世纪的头十年,世界最令人瞩目的变化莫过于中国这个古老东方大国的快速崛起。因为这一崛起是对整个世界的经济和国际政治结构,产生广泛而深刻的影响,并打破了旧有国际政治经济体系的平衡。与美、欧相继陷入金融与债务危机相比,这种崛起显得尤为耀眼。然而,当人们沿着线性思维推想着中国会以过往的速率崛起何时能在综合国力上与美国平起平坐之时,骤然看到,中国在本世纪第二个10年开始出现了疲态,各种经济、政治、社会乃至外交上的挑战不约而至。似乎过往那种顺风顺水的日子一下子消失得无影无踪了。显然,未来的发展需要国家领导者和建设者以新的智慧和变革来确保这持续的民族复兴进程。

只要深入观察就会发现,过去二十多年的快速崛起之背后实蕴藏着许多极偶然的国际、国内因素,不了解这些偶然因素及其时限就不能理解当前中国崛起所面临的困难及其深层次成因。从国际政治角度来看,"9·11"事件导致美国将战略重点转向反恐和中东,为中国的和平崛起创造了良好的外部环境。在1990年代初期一度紧张的中国和西方关系,快速转向了良性方向发展的趋势,这段时间也是中国官方经常提及的"战略机遇期"。

然而,自2008年的美国金融危机以来,全球政治经济形势以及中国国内支撑发展的各种要素,均发生了深刻变化甚至逆转。也就是说,中国的崛起生态迅速恶化了。从国际来看,随着奥萨玛·本·拉登被打死以及美国奥巴马总统逐步从伊拉克、阿富汗撤军,美国战略重点重新回到亚洲,中国开始感觉全面"被遏制",连续了十年的"战略机遇期"也便悄然地结束了。

在国际经济层面,美欧相继发生的债务危机,使得西方发达国家不能继续容忍中国高贸易顺差为特征的全球经济失衡,中国在汇率政策和市场开放方面均面临与日俱增的压力,如此一来,不仅仅是外贸条件恶化而已,外向型的经济结构也面临全面转型与升级。

从国内经济层面分析,因老龄化的临近带来的"人口红利"的逐步消失,以及各种资源要素的价格上涨,中国开始告别了生产要素的廉价时代,成本优势尤其是劳动力成本优势不再明显,制造产业出现外迁,加大了对外贸易面临的困难。另一方面,计划生育政策加速了老龄化的进程,中国过去的高储蓄率和高积累率正在发生变化,反而开始步入"未富先老"的困窘境景。

从政治上看,历史积累的体制问题如公共权力制约薄弱、执法不严等问题,在经济扩张过程中被不断放大,造成了腐败的蔓延和再分配过程的不公。在"蛋糕"越做越大的同时,整个社会因为分配不公陷入分裂,改革和政治上的共识越来越少。在崛起的客观条件发生改变的同时,曾经起到积极作用的主观因素也已发生了较大变化,崛起的阻碍因素正在不断积累和增加。

中国的崛起并非是给定谜底,而是一个漫长的动态过程,期间充满巨大的不确定性和系列挑战。中国当前遇到的困难,既与国内外客观条件的改变密切相关,也与自身主观因素未能调整到位相关。过去30年巨龙腾飞的有力主观支持,来自邓小平确立的改革开放政策与和平外交政策;目前出现的困难,很大程度上源自改革和开放陷入了停滞状态,而这种停滞其实与各种强大的既得利益集团的形成和阻挠有很大关系。

由于改革的滞后,很多已经不适时的政策得不到有效的调整。长此下去,支撑中国崛起的物质经济基础将日渐薄弱,各种社会问题将层出不穷,中国不仅难以赶上先进国家,反而可能被后进国家赶超。①

2. 中国政府最好不要再提"战略机遇期"概念

本·拉登走了,他颇让一些国人怅然追念,理由是他牵着美国穷折腾,而让中国获得了一个闷声发大财的"黄金十年"。

有必要澄清的是,中国和平发展的这10年所依托的国际环境,是中国自己通过多方努力争取来的,并不仅仅是因为拉登和"9·11"。另一方面,10年来中美之间在加强合作、协调的同时,也存在许许多多的矛盾与冲突,美国对中国上升势头的遏制也并没有因为有本·拉登存在就松弛了,只不过遏制的方法与冷战期间美国对付苏联的方法有所不同,是一种介入式的、笼络式乃至合作式的遏制。而这种

---

① 张锋强,莫佳庆. 中国崛起步入十字路口[EB/OL]. [2016-08-19]. http://mil.news.sina.com.cn/2012-10-12/1206703413.html.

策略改变,同样不是因为有本·拉登存在,而是由于整体的国际政治生态发生了变化。总之,中美之间这 10 年的和平竞争、和平共处与本·拉登没有太大关系,它是由整体的国际政治生态与中美两国的利益需求所决定的。本·拉登不在了,这种和平竞争、和平共处的趋势仍将持续一个相当长的时间。

中共十六大提出了 20 年战略机遇期,现在这个机遇期已过了将近 10 年,那么再过 10 年,机遇期期满,中国会不会在周边、在全球转入咄咄逼人的战略进攻态势?这是一个让中国和其他大国、周边国家都感到沉甸甸的问题。当然,中国政府已表示将追求更加长久的战略机遇期。笔者认为,不如不要使用"战略机遇期"这个概念,只提"和平发展"四个字作为国家战略就可以了。"战略机遇期"它总是给人以蓄势待发、闭关修炼之后必将出来搞总清算之感,中国并未真正强大,就四处招惹敌意,实在是没有这个必要。①

3. 当今重点在于"把握"战略机遇期

中国是否依然存在战略机遇期?三大远景奉上,打破悲观。

(1) 高层次战略空间开启

战略空间开始从低层次向高层次转移,低端门户尚未完全关闭,高端门户已逐渐开启。

自从世界金融危机以来,西方发达国家的经济繁荣泡沫开始消退,对发展中国家初级产品的消费能力开始回落。由于不再有强大的消费能力又不便也无法公开阻止在 WTO 框架下的自由贸易,因而最直接的表现就是各种贸易摩擦、贸易争端开始露头,甚至通过所谓新的贸易规则,来部分缓解其来自发展中国家的贸易压力。中国社会初级产品层面上大量出口的空间确实收窄了,以美国为代表的一些国家"再工业化"更是进一步挤压了本已收窄的空间。

但是,这并不意味着我们失去了战略回旋余地。发达国家初级消费能力再下降也会有一个基本的底线,这一底线的分量并不小也不少。在这一块上唱主角的仍然是以中国为代表的发展中国家,毕竟我们的制造实力与制造成本优势依然存在,对西方社会来说暂时也不会有可替代的选择。同时我国在中高端产品出口方面已经开始拓展,像高铁、造船,包括信息终端等方面都已经有了不俗的成绩。

(2) 世界政治经济版图重构态势启动

战略自信开始从西方社会转向中国及新兴国家,世界政治经济版图重构态势已然启动。

过去三十多年来,西方社会一直自以为是地认为,只要把中国纳入其全球性经济框架,中国自然会或早或迟进入其社会政治制度框架,对中国坚持的"中国特色"

---

① 庄礼周. 中国的战略机遇期会不会突然终止?[J]. 南都周刊,2011:26-28.

并不以为然。但经过这么多年的实践,"中国特色"以其强大的制度优势不仅发展了中国也开始改变着世界,反倒是西方社会政治制度开始捉襟见肘。所以,随着西方发达国家对其社会制度及其意识形态的自负与自信开始丧失,中国社会韬光养晦的空间在逐渐消失。

但是,青山遮不住,毕竟东流去。反过来看,西方政治心态的微妙变化其实正是中国社会以平等、自信、从容心态参与国际各项事务的机遇。我们之所以能在中美貌似纷争不少甚至还在中国南海剑拔弩张的背景下,有效管控争端事态并且各得其所;我们之所以能与俄罗斯超越地缘政治的困境,形成全面战略协作伙伴关系,保持中俄关系高水平运行……这一切皆源于世界政治制度自信的大转换。

(3) 世界多极化与深度融合同步推进

世界多极化与深度融合同步推进,建构"利益共同体""命运共同体"不仅是希望更是必须。

当下的世界正呈现出一种十分悖谬的现象,一方面世界多极化的格局愈演愈烈,老牌帝国主义国家并没有也不甘心权威丧失,新兴国家已然雄心勃勃要争高下;另一方面,世界政治经济包括军事关系深度融合,你中有我,我中有你,谁也离不开谁。如果说过去讲"利益共同体""命运共同体"更多的是一种希望的话,在今日世界已经成为谁都无法逃避的铁的事实。"太平洋足够大,容得下中美两国发展;地球更大,足够世界相安无事。"于是,发达国家有 TPP,我们中国有"一带一路"。更重要的是"一带一路"不是某一方的私家小路,而是大家携手前进的阳光大道。所以,不仅吸引了众多发展中国家,英、法、德等发达国家兴趣更大。所有这一切都表明,旧的战略互动模式可能在萎缩,但新的战略互动关系却在拓展、丰富和活跃。

今日的中国,我们应该关心的不是有没有战略机遇期,而是我们能否始终抓住战略机遇期。中国的战略机遇期是在变动但并没有逝去;是在发生变化,但是在变得更好。在这样的战略机遇期,我们可以大有作为,我们也必须大有作为。[①]

4. 深刻把握"十三五"时期重要战略机遇期的内涵变化

"十三五"时期,可能是我国发展面临的各方面风险不断积累甚至集中显露的时期。有效防范和化解各类风险,是我们利用好重要战略机遇期的前提。为此,我们必须把防风险摆在突出位置,着力提高防范风险的意识和化解风险的能力,力争把风险化解在源头。"十三五"时期是我国经济社会发展的关键时期,是转方式调结构的重要窗口期,是全面建成小康社会的决胜阶段。习近平总书记强调指出:"'十三五'时期我国发展仍处于可以大有作为的重要战略机遇期,但战略机遇期内

[①] 辛鸣. 中国是否依然存在战略机遇期?[EB/OL]. [2016-08-19]. http://theory.people.com.cn/n1/2016/0311/c49154-28192668.html.

涵发生深刻变化。"我们要准确把握战略机遇期内涵的深刻变化,更加有效地应对各种风险和挑战,继续集中力量把自己的事情办好,不断开拓发展新境界。

从国际看,各种风险积累交织,各国角力更为激烈,但形势总体对我有利,我国发展的外部环境相对稳定。

地缘政治、大国关系更为复杂敏感,但和平与发展的时代主题没有改变。随着我国综合国力持续增强,一些国家同我国的摩擦上升,那些不愿意看到中国发展壮大的势力,对我国的防范和戒备心理加重,联手对我国进行牵制和打压。我国和平发展的国际环境出现新变化,我们维护国家主权、安全、发展利益的任务加重。同时也要看到,虽然各种政治、经济、地缘因素相互交织,但世界政治经济形势总体上有利于维护世界和平与发展大局。对我国而言,中美新型大国关系得以进一步深化,中俄关系处于历史上最好的时期,中欧关系稳定发展,我们与各大力量战略互动中的有利地位没有改变。我们与绝大多数周边国家的关系处于深化合作之中,经济互补性不断增强,与非洲、拉丁美洲等发展中国家的传统友谊进一步巩固。我们完全可以利用这些积极因素,巩固和拓展重要战略机遇期加快发展。

尚处国际金融危机后的深度调整期,全球需求增长和贸易增长乏力,但经济总体复苏趋势显现。

从国内看,虽然新常态背景下经济下行压力加大,但我国经济发展长期向好的基本面没有变,经济韧性好、潜力足、回旋余地大的基本特征没有变,经济持续增长的良好支撑基础和条件没有变,经济结构调整优化的前进态势没有变。总体而言,我国经济正在向形态更高级、分工更复杂、结构更合理的阶段转换。我国发展重要战略机遇期,正在由原来加快发展速度的机遇转变为加快经济发展方式转变的机遇,正在由原来规模快速扩张的机遇转变为提高发展质量和效益的机遇。

"十三五"时期,可能是我国发展面临的各方面风险不断积累甚至集中显露的时期。有效防范和化解各类风险,是我们利用好重要战略机遇期的前提。一是我国仍处于体制转轨、经济转型和既往政策消化期,新旧矛盾交织;二是全面深化改革要涉及重大利益关系调整,可能引发新的矛盾;三是改革发展步伐加快,经济社会面临的主要矛盾和矛盾的主要方面随之发生变化;四是伴随经济全球化深入推进,国际风险会以更快的速度、更大的规模和更深刻的影响传递到国内。各种风险往往不是孤立出现的,很可能是相互交织并形成一个风险综合体。为此,我们必须把防风险摆在突出位置,着力提高防范风险的意识和化解风险的能力,力争把风险化解在源头,不让小风险演化为大风险,不让个别风险演化为综合风险,不让局部风险演化为区域性或系统性风险,不让国际风险演化为国内风险。①

---

① 深刻把握"十三五"时期重要战略机遇期的内涵变化[J].求是,2016(5):14.

第一讲　当代中国的基本国情和发展实际

1. 2015 世界进入"中国世纪"！你怎么看？[①]

1941 年，美国《时代》周刊联合创办人亨利·卢斯发表了著名的《美国世纪》："美国的经验是未来的关键，它将成为国际社会的领袖。"

74 年后，美国《名利场》杂志发表诺贝尔经济学奖得主约瑟夫·施蒂格利茨撰写的《中国世纪》："中国经济以拔得头筹之势进入 2015 年，并很可能长时间执此牛耳，即使不能永久保持。中国已回到它在人类历史上大多数时间里所占据的位置。"

施蒂格利茨的"中国世纪说"，主要依据是经济学家们推算中国经济规模在 2014 年已超过美国，成为"世界第一"：国际货币基金组织（IMF）2014 年 10 月份发布报告称，按照购买力平价，当年中国经济规模将达 17.6 万亿美元，超过美国的 17.4 万亿美元。此前，世界银行也发布过类似的报告。

……

中国人怎么看？

通常情况下，"世界第一"的称号总是让人陶醉，但中国网民却很淡定。新华社"新华全媒头条"以"世界将进入'中国世纪'，你怎么看？"为题，在新华网、腾讯网发起民意调查，有近 10 万网民参与。大多数网民对"中国世纪"说法审慎而冷静，人们更关心自身生活水平、中国未来如何发展等问题。

调查结果显示，网民普遍认可中国经济的快速增长，并将原因归结于改革开放（51%）和抓住了全球化机遇（35%），但超过半数网民并不认同"中国世纪"已经到来的说法。的确，据世界银行最新统计，即便按照可能存在高估的购买力平价法，2013 年中国国民人均收入也不到美国的四分之一。

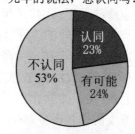

图 1.1　新华网、腾讯网"2015 年将成为'中国世纪'元年的说法"调查统计

"就目前而言，居民的富裕程度是中国与美国之间的主要差距，也是中国经济继续发展的潜力和空间所在。"德国法兰克福大学经济学教授舍福尔德告诉记者。

---

① 参见新华国际. 世界将进入"中国世纪"你怎么看？[EB/OL].[2014-12-26]. http://news.qq.com/a/20141226/043904.htm.

其他一些数字也能说明问题。按世行统计,中国每千人拥有汽车量在2011年达到69辆,而美国同期是786辆。2013年,中国每百人享有互联网接入的约为46人,而美国是84人。2014年中国城镇人口占总人口比例是54%,美国已达到81%。可以想见,弥补这些差距,中国还要追赶很多年。

调查也显示很多网民希望自己的生活水平能与国民生产总值同步增长,大多数网民认为中美两国民众的生活水平"仍有差距"。

中国网友"老张"在调查中留言:"中国经济,特别是人均经济指数还是很低的,现在的关键在于需要质量,提高人民的整体生活水平,不要被经济数字冲昏头脑。"

美国人怎么看?

"新华全媒头条"同时在美国社交网络发起了相关讨论。对中国"夺走第一"的说法,多数美国网友表示质疑,认为中国还有很大差距;也有不少人认为趋势难以阻挡。网友"neutronJK"说:"世界人口最多的国家成为最大经济体,是顺理成章的事情。"另一名网友"JohnJacobDingleheimerSchmitt"说:"这实际上是个好消息。美国需要停止自我标榜'独一无二',开始正视自己。"

怎样才是"中国世纪"?

未来纵然难以预知,但历史总是有迹可寻。很多人认为,经济总量"世界第一"这个宝座的易手,往往是世纪更替的一个信号。上一次出现类似情况是在1872年。当年,美国经济总量超越英国。

70多年后,美国成为国际事务的引领者,主导构建了联合国、布雷顿森林体系等国际政治和经济秩序,美国的商品、资本和文化开始风行世界……

目前,美国的软、硬实力依然独占鳌头。它每年的军费开支比其后10个国家防务开支的总和还多;有着全球最多的一流大学,是全球文化创意和技术研发的主要中心。美国在世行和国际货币基金组织等国际机构有巨大话语权,依然是现行全球治理机制的主导者。

实际上,中国网民对此十分清醒。"中国世纪"也好,"中国崛起"也罢,路还是要一步一步走。高达65%的网民认为,继续发展经济、改善民生,才是当下之要务。

若论"中国世纪",超过半数网民认为,经济实力不能作为首要的评判标准,国家软实力提高、在国际机构和国际事务中承担应有角色,是关键。

天下大势,浩浩荡荡。越来越多的人相信,"中国世纪"终会出现。不过,历史绝不会是简单的重复。新的世纪,应当是和平的世纪、合作的世纪、共赢的世纪。

第一讲 当代中国的基本国情和发展实际

点评：

> 尽管施蒂格利茨的"中国世纪说"肯定了改革开放近40年来，特别是近几年来中国取得的巨大成就，增强了复兴中华造就"中国梦"的信心，也有利于中国在国际社会的地位，但一个国家的综合实力、一个民族的伟大复兴，及"中国世纪"现象的出现，并非仅是由GDP总量所决定的，并非是以"购买力平价"之类公式计算出来的。因为，这里不仅有GDP计算的数量问题及人均GDP的大小问题，也有GDP本身的质量问题。如果这些问题没有理清楚，就随意给中国戴上一顶"中国世纪"的高帽子，看上去不错，但实际上是不利于国人努力向上及再造中国文明的。
>
> 同时，看上去中国经济的总量增长很快、规模很大，但是近几十年来的经济成果并没有让绝大多数人共享，社会收入分配不公、收入分配差距扩大的现象依然存在。事实上，诸如此类的问题还有很多，而这些问题的改进需要漫长的时间来完成。在这样的情况下，要来谈论中国经济是如此强大，要谈论2015年为"中国世纪"的开始，那只是无源之水、无本之木。
>
> 因此，中国绝不可过度自恋，而是要大刀阔斧地改革，促使国人韬光养晦、艰苦努力奋斗，这样才能加快中华民族的复兴，让中国真正地屹立于世界强国之林。

2. 中国今天不宜建造超大对撞机

2012年以来，中国物理学界以及一些关心科学发展的民间人士，激烈争论中国是否要花费数百亿甚至上千亿，建立超级对撞机。

辩论中，涉及当代最重要的物理学家之一、1957年第一位华人诺贝尔奖得主杨振宁教授。杨振宁教授9月4日授权科普公众号"知识分子"公布他的意见。

我绝不反对高能物理继续发展。我反对的是中国今天开始建造超大对撞机，原因如下：

（1）建造大对撞机美国有痛苦的经验：1989年美国开始建造当时世界最大对撞机，预算开始预估为30亿美元，后来数次增加，达到80亿美元，引起众多反对声音，以致1992年国会痛苦地终止了此计划，白费了约30亿美元。这项经验使大家普遍认为造大对撞机是进无底洞。

目前世界最大对撞机是CERN的LHC。2012年6 000位物理学家用此对撞机发现了Higgs粒子，是粒子物理学的大贡献，验证了"标准模型"。LHC的建造前后用了许多年，建造费和探测器费等等加起来一共不少于100亿美元。高能所建议的超大对撞机预算不可能少于200亿美元。

(2) 高能所倡议在中国建造超大对撞机,费用由许多国家分摊,可是其中中国的份额必极可观。今天全世界都惊叹中国 GDP 已跃居世界第二,可是中国仍然只是一个发展中国家,人均 GDP 还少于巴西、墨西哥或马来西亚,还有数亿农民与农民工,还有急待解决的环保问题、教育问题、医药健康问题,等等。建造超大对撞机,费用奇大,对解决这些燃眉问题不利,我认为目前不宜考虑。①

……

点评:

在时代发展长河中,中国政府在建设全面小康工作中,更注重中国技术的独立自主性,只有在高科技领域中,有自己的核心技术,让中国的核心技术挺起中国发展的脊梁,中国发展才更能够实现独立性,更能够将改革的文章做大做强。中国也正是这样做的,在关键的领域,中国有独立自主的核心技术,让中国在高科技领域打造出了无限的传奇。时代在发展,短短的五年时间中国的变化让世界瞩目。随着十九大的胜利召开,中国改革的航船将再次加速,全面奔向小康的号角更响亮,到时候中国的风景将更加美丽,让世界人民更加赞叹。

但我国目前依然是发展中国家,虽然在发展大科学研究中,我国在集中力量办大事方面有着独特的体制优势,有着较为充足的资金支持,但依然要注意以西方的经验教训为借鉴,扬长避短。那么,面对蓬勃兴起的大科学,我们该如何基于我国基本国情的认识之上正确对待以超大对撞机为代表的大科学?

首先,我国必须把基础研究作为大科学项目开展的主要目标。从近十年来世界各国大科学的转向,我们可以看到,基础研究是大科学未来发展的主要方向。这是大势所趋。更为重要的是,发挥大科学的引领作用,可为我国聚集高层次科技人才提供优越的平台。这可与我国近年来大力实施的人才引进战略相适应。从这一意义上看,如若我国的超大对撞机建造成功,必将会为我国在高能物理学领域赶超西方提供有利条件。

其次,我国在重视大科学基础研究的同时,也不能忽略西方先进国家在大科学发展方面的经验和教训。目前,在世界范围内,大科学陷入困境,主要是因为经济问题。也就是说,大科学的经费问题,一直是困扰世界各国大

---

① 杨振宁.中国今天不宜建造超大对撞机[EB/OL].[2014-12-26]. http://news.qq.com/a/20141226/043904.htm.

科学的首要难题。而目前我国的大科学刚刚起步,再加之政府的大力支持,我国大科学的经济困境还未凸显。但随着大科学项目数量的增多、经费的膨胀,相关问题也必然会出现。

再次,在发展大科学的同时,不能忽视小科学的价值。近几十年间,大科学所取得的成就是非凡的,由于大科学的光芒太过耀眼,许多人都习惯于忽视了小科学的存在。回顾科学史,科学家单枪匹马、独居幽思式的小科学一直是科学进步的唯一动力。"小科学也一直是发现、变化和创新的源泉,为知识的进步做出了巨大贡献。我们必须在我们的科学政策中保持适当的平衡,而两种选择都存在真是值得庆幸。"事实上,直到今天小科学依然在部分领域发挥着大科学无法替代的作用。并非所有项目都必须得到大科学的推动,小科学能够完成的任务,我们就不必开展大科学项目,比如,生物学、植物学、考古学等。事实上,小科学可能是适合发展中国家国情,赶超先进国家的优先选项。

认识到基础科学的引领作用和对科技人才的聚集效应,注重基础科学研究之后,政府和科学家们还必须要知道如何寻找具有潜在价值的基础科学。只有找到那些真正具有潜在价值的基础科学,大科学才能在实用目的和揭露世界真相两个方面都同时发挥作用。相反,没有发现潜在价值,政府的经费投入便可能面临危机;没有揭露有关世界的真相,便会离科学的本性越来越远。上述二者只要有一个方向不能实现,大科学都将可能面临困境。而如若能二者兼顾,才是最符合我国当前基本国情的大科学之路,这将是我国包括超大对撞机在内的大科学未来发展的最佳选择。

一切从社会主义初级阶段的实际出发①(节选)

我国经济发展分三步走,本世纪走两步,达到温饱和小康,下个世纪用三十年到五十年时间再走一步,达到中等发达国家的水平。这就是我们的战略目标,这就是我们的雄心壮志。要实现我们的雄心壮志,不改革不行,不开放不行。我们要走

---

① 节选自邓小平.邓小平文选(第3卷)[M].北京:人民出版社,1993:251-252.

的路还很长,任务还很艰巨。我们要艰苦奋斗,一心一意搞建设,发展生产力。

今年十月我们党要召开十三大。十三大归根到底是改革开放的大会。十三大要重申我们党十一届三中全会以来制定的一系列方针和政策,深化经济体制改革,相应地进行政治体制改革。十三大要使领导班子更加年轻化,这样就会使党和国家的领导层更具有活力,同时保证我们政策的连续性。

……

长期以来,我们百分之七十至八十的农村劳动力被束缚在土地上,农村每人平均只有一两亩土地,多数人连温饱都谈不上。一搞改革和开放,一搞承包责任制,经营农业的人就减少了。剩下的人怎么办？十年的经验证明,只要调动基层和农民的积极性,发展多种经营,发展新型的乡镇企业,这个问题就能解决。乡镇企业容纳了百分之五十的农村剩余劳动力。那不是我们领导出的主意,而是基层农业单位和农民自己创造的。

……

政治体制改革很复杂,每一个措施都涉及千千万万人的利益。所以,政治体制改革要分步骤、有领导、有秩序地进行。我们不能照搬资本主义国家那一套,不能搞资产阶级自由化。比如共产党的领导,这个丢不得,一丢就是动乱局面,或者是不稳定状态。一旦不稳定甚至动乱,什么建设也搞不成。我们有过"大民主"的经验,就是"文化大革命",那是一种灾难。我们的经济体制改革,也是有领导有秩序地进行,不能搞无政府主义。

我们党的十三大要阐述中国社会主义是处在一个什么阶段,就是处在初级阶段,是初级阶段的社会主义。社会主义本身是共产主义的初级阶段,而我们中国又处在社会主义的初级阶段,就是不发达的阶段。一切都要从这个实际出发,根据这个实际来制订规划。

全面建成小康社会的问题与防范[①](节选)

现在,全面建成小康社会进入了决胜阶段。习近平总书记指出:"这个时跨本世纪头20年的奋斗历程到了需要一鼓作气向终点冲刺的历史时刻。完成这一战略任务,是我们的历史责任,也是我们的最大光荣。"必须清醒看到,如期全面建成小康社会,既具有充分条件,也面临艰巨任务,前进道路并不平坦,诸多矛盾叠加、风险隐患增多的挑战依然严峻复杂。如果应对不好,或者发生系统性风险、犯颠覆性错误,就会延迟甚至中断全面建成小康社会进程。

---

① 节选自习近平.习近平总书记系列重要讲话读本[M].北京:人民出版社,2016:64-66.题目为编者拟.

过去有一种看法认为,一些矛盾和问题是由于经济发展水平低、老百姓收入低造成的,等经济发展水平提高了、老百姓生活好起来了,社会矛盾和问题就会减少。现在看来,不发展有不发展的问题,发展起来有发展起来的问题,而发展起来后出现的问题并不比发展起来前少,甚至更多更复杂了。比如,如何解决好发展质量和效益问题,如何解决好发展不平衡问题,如何增强风险防控意识和能力问题,等等。下大气力破解制约如期全面建成小康社会的重点难点问题,这既是必须完成的任务,也是必须迈过的一道坎。

……

要把防风险摆在突出位置。困难不容低估,风险要高度关注。当前和今后一个时期,可能是我国发展面临的各方面风险不断积累甚至集中显露的时期。我们面临的重大风险,既包括国内的经济、政治、意识形态、社会风险以及来自自然界的风险,也包括国际经济、政治、军事风险等。如果发生重大风险又扛不住,国家安全就可能面临重大威胁,全面建成小康社会进程就可能被迫中断。要着力增强风险防控意识和能力,力争不出现重大风险或在出现重大风险时扛得住、过得去。各种风险往往不是孤立出现的,很可能是相互交织并形成一个风险综合体。各级党委和政府要增强责任感和自觉性,把自己职责范围内的风险防控好,不能把防风险的责任都推给上面,也不能把防风险的责任都留给后面,更不能在工作中不负责任地制造风险。要加强对各种风险源的调查研判,提高动态监测、实时预警能力,推进风险防控工作科学化、精细化,对各种可能的风险及其原因都要心中有数、对症下药、综合施策,出手及时有力,力争把风险化解在源头,不让小风险演化为大风险,不让个别风险演化为综合风险,不让局部风险演化为区域性或系统性风险,不让经济风险演化为社会政治风险,不让国际风险演化为国内风险。

全面建成小康社会是实现社会主义现代化建设第三步战略目标必经的承上启下的发展阶段,只有第一个百年奋斗目标如期实现了,第二个百年奋斗目标才能顺利起步。决胜全面建成小康社会的伟大进军,每一个中国人都有自己的责任。领导干部要勇于担当,人民群众要增强主人翁意识,全党全国各族人民要拧成一股绳,以必胜的信心、昂扬的斗志、扎实的努力,投身新的历史进军,朝着全面建成小康社会的宏伟目标奋勇前进!

"三大陷阱":中国面临的新的历史性挑战[①](节选)

中国成为世界第二大经济体,在改革开放的道路上遇到了一系列极其复杂的新情况与新问题,面临着全新的历史性挑战。这些挑战概括起来就是"三大陷阱":

---

① 鲁品越,王永章."三大陷阱":中国面临的新的历史性挑战?[J].红旗文稿,2017(8):15-17.

一是国际关系上面临的"修昔底德陷阱",二是国内经济发展上面临的"中等收入陷阱",三是在政治与文化领域面临的"话语霸权陷阱"。成功地应对这"三大陷阱"的挑战,实现中华民族的伟大复兴,是当下中国人民新的伟大历史任务。

1. "修昔底德陷阱"

即守成大国与新兴大国之间的矛盾,是美国的全球霸权遭遇到逐步发展起来的中国的必然表现。中美关系是世界上最复杂的关系。美国离不开中国,因为以"美元霸权"为基础的垄断资本必须依靠吸收全球剩余价值才能生存,而具有13亿人口的中国是全球剩余价值的一大源泉。正因如此,美国希望将中国永远固定在国际产业链的低端,通过其贸易保护政策限制中国的发展,同时迫使中国永远接受美元霸权的盘剥,永远受到美国主导的世界政治经济秩序的严格限制。在满足这些条件的前提下,美国希望与中国保持良好的关系。

但是,中国目前已经成为世界第二大经济体,并且正在通过实行自由创新与产业结构的转型,通过"一带一路"打破美国主导的国际经济秩序,通过亚投行与人民币离岸结算部分地摆脱美元霸权,在这种情况下,代表美国财阀利益的美国鹰派人士必然要千方百计挑动中国周边国家围堵中国,造成中国周边环境紧张与动荡,从而诱导中国资本流出,遏制中国的经济发展与实力增强。这是以美元霸权为基础的美国垄断资本的本性使然。美国实现围堵中国的手段,一是靠其"软实力",即以所谓"普世价值"为基础的国际话语权。二是靠其"硬实力",主要包括美国的军事实力、高科技实力及其知识产权。软硬实力的相互配合,对中国形成巨大压力,这就是所谓的"修昔底德陷阱"。能不能克服这一陷阱,成为当下中国面临的严峻而复杂的历史性挑战。

2. "中等收入陷阱"

这是后发展国家特有的经济发展现象,即经过一段高速发展,收入水平达到国际中等或中下等水平之后,经济发展潜力逐步丧失,从而陷入生态危机、经济停滞、社会动乱和政治危机之中。这是资本主义生产方式的基本矛盾在发展中国家的特殊表现形态。

发展中国家通过引进国际资本迅速发展起来,国际资本通过生产占有最大化的剩余价值,然后将剩余价值转化为新增资本,新增资本又继续投入扩大再生产,由此不断进行循环。为了使这种循环不断进行下去,发展中国家必然要千方百计地压低成本,以在发达国家占主导地位的国际市场上取得低价格的竞争优势。这一方面发展了社会生产力,推进了经济快速增长,但另一方面却付出了三低(低工资、低福利、低效益)和三高(高消耗、高污染、高事故)的代价,并且由此产生出整个国民经济对低端产业资本高投入的依赖性,使社会生产力长期固定在国际产业链的低端。这样的经济增长方式必然不可持续。如果我们不能成功地改变这种经济增长方式,最后难免陷入"中等收入陷阱"。

3. "话语霸权陷阱"

这是在政治领域与思想文化领域我国面临着的严峻挑战。话语陷阱一个主要的内容就是所谓"普世价值",用"把世界概念化"的形而上学的抽象方法得到的个体价值观,上升为源于天生的"人类本性",而这个"本性"则被认为来自于某种宇宙的"普遍法则"。由此产生的所谓"普世价值"被赋予至高无上的地位,凌驾于一切社会和一切人之上。

西方所谓"普世价值",一旦与不平等的资本主义生产关系相结合,便成为社会不平等的放大器。因为人们利用这种"平等权利"实现其自身利益的机会,与其拥有的资本和货币数量成正比。这种"普世价值"被国际资本力量以铺天盖地的国际传媒体系与教育体系为管道,以遍及社会生活各个方面的"国际评价标准"为其具体形式,占据着所谓"人类道德的制高点",垄断着全球政治与思想文化的话语权。

如果我们接受这种"普世价值",便必须遵从按照这种"普世价值"制定的各种"国际标准",由此我们的行为便陷入西方国家话语霸权的陷阱,丧失了自己的话语主权。正如习近平同志所指出的,"如果我们用西方资本主义价值体系来剪裁我们的实践,用西方资本主义评价体系来衡量我国发展,符合西方标准就行,不符合西方标准就是落后的陈旧的,就要批判、攻击,那后果不堪设想!最后要么就是跟在人家后面亦步亦趋,要么就是只有挨骂的份"。

思考题

1. 阅读案例分析1,结合我国的基本国情,谈一谈你对"中国世纪"论断的看法。

2. 党的十六大在深刻分析国际国内形势的基础上,明确提出21世纪头20年是必须紧紧抓住并且可以大有作为的重要战略机遇期。试分析党做出这样判断的主要根据是什么。

3. 为什么说我国的改革进入到攻坚期和深水区?我国全面深化改革的目标和任务是什么?

4. 全面建成小康社会的目标任务有哪些?如何防范全面建成小康社会的所面临的风险和问题?

5. 十八大以后,我国的发展面临着一系列困境,请判断我国是否依然存在战略机遇期。我们该如何对待我国战略机遇期的变化?

第二讲　中国特色社会主义经济建设

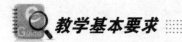

1. 了解社会主义初级阶段的基本经济制度。
2. 认识市场在资源配置中起决定作用和更好发挥政府作用。
3. 把握中国经济发展新常态及基本特征。
4. 理解经济全球化及"一带一路"战略的意义。

一、中国特色社会主义经济制度和体制

1. 社会主义初级阶段的基本经济制度

基本经济制度即一国的生产资料所有制形式与结构，它是生产关系的核心内容，是国家依据社会性质及基本国情，通过法律对社会经济秩序中生产资料归谁所有做出明确规定的经济制度。以公有制为主体、多种所有制经济共同发展，是我国社会主义初级阶段的基本经济制度。

2. 社会主义初级阶段的收入分配制度

分配制度即劳动产品在社会主体中如何分割、配给制度的总称。坚持按劳分配为主体、多种分配方式并存的分配制度，是社会主义初级阶段的分配制度。这是由社会的所有制结构决定的。我国处于社会主义初级阶段，坚持公有制为主体、多种所有制经济共同发展的所有制结构，决定了我们的分配制度必然实行以按劳分配为主体、多种分配方式并存。

3. 社会主义市场经济体制

社会主义市场经济体制是在社会主义公有制基础上，在国家宏观调控下使市场机制在社会资源配置中发挥基础性作用的经济体制。具体地说,是使经济活动遵循价值规律要求,适应供求关系的变化;通过价格杠杆和竞争机制的功能,把资源配置到效益较好的环节中去;针对市场自身的弱点和消极方面,国家对市场进行有效的宏观调控。

4. 走向共同富裕

共同富裕是社会主义的本质规定和奋斗目标。在共同富裕这个概念中,"富裕"反映了社会对财富的拥有,是社会生产力发展水平的集中体现;"共同"则反映了社会成员对财富的占有方式,是社会生产关系性质的集中体现。共同富裕包含着生产力与生产关系两方面的特质,从质的规定性上确定了共同富裕的社会理想地位,使之成为社会主义的本质规定和奋斗目标。

二、全面深化经济体制改革

1. 坚持和完善基本经济制度、积极发展混合所有制经济

国有经济是国民经济的核心与骨干,坚持和完善基本经济制度首先要求发展和壮大国有经济;公有制经济和非公有制经济都是社会主义市场经济的重要组成部分,坚持和完善基本经济制度还要求这两类经济能够互相促进,互相协调,共同发展。

2. 使市场在资源配置中起决定性作用和更好发挥政府作用

发挥市场在资源配置中的决定性作用,有赖于以下几个方面的经济体制改革:一是建立公平开放透明的市场规则;二是完善主要由市场决定价格的机制;三是建立城乡统一的建设用地市场;四是完善金融市场体系和机制。

政府的职责和作用主要是保持宏观经济稳定,加强和优化公共服务,保障公平竞争,加强市场监管,维护市场秩序,推动可持续发展,促进共同富裕,弥补市场失灵。

3. 推动收入分配体制改革,建立合理有序的收入分配格局

推动收入分配体制改革,要注重初次分配和再分配都要兼顾效率和公平。在国民收入的初次分配环节,要完善按劳分配和按要素分配的实施机制。在国民收入的再分配环节,要更加注重公平。综合运用税收、社会保障、转移支付等手段,规范收入分配秩序,完善收入分配的调控体制机制和政策体系。

4. 全面推进财税体制改革

为了实现这一目标,需要重点推进以下改革:一是改进预算管理制度,强化预算约束、规范政府行为;二是深化税收制度改革,优化税制结构、完善税收功能;三是建立事权和支出责任相适应的制度,调整中央和地方政府间财政关系,在保持中

央和地方收入格局大体稳定的前提下,进一步理顺中央和地方收入划分。

三、主动适应和引领经济发展新常态

1. 中国经济发展进入新常态

经济发展新常态主要特点为:一是从高速增长转为中高速增长;二是经济结构不断优化升级;三是从要素驱动、投资驱动转向创新驱动。

新常态给中国带来新的发展机遇。第一,新常态下,中国经济增速虽然放缓,实际增量依然可观。第二,新常态下,中国经济增长更趋平稳,增长动力更为多元。第三,新常态下,中国经济结构优化升级,发展前景更加稳定。第四,新常态下,中国政府大力简政放权,市场活力进一步释放。

2. 转变发展方式,调整经济结构

在新常态阶段,经济发展方式转变的核心是实现由主要依靠增加物质资源消耗向主要依靠科技进步、劳动者素质提高、管理创新的改变。

调整经济结构是转变经济发展方式的战略重点。经济结构的调整主要包括调整生产与消费的关系,第一、第二、第三产业的关系,区域的竞争互补关系等。

3. 实施创新驱动发展战略

实施创新驱动发展战略,必须破除体制机制障碍,最大限度解放和激发科技所蕴含的巨大潜力,努力将"大众创业、万众创新"打造为我国发展的双引擎之一。实施创新驱动发展战略,一是把握创新的正确方向;二是强化激励,大力聚集创新人才;三是建立健全创新体制机制;四是扩大开放,全方位加强国际合作。

4. 强化经济金融风险调控

一是要处理好增长与转变的关系,在保证中高速经济增长的前提下有步骤地推动产业结构调整。二是改革和完善金融市场制度,强化金融市场服务于实体经济的功能。三是建立和规范债务管理及风险预警机制。四是改革和完善外汇管理制度,推进国际和区域金融合作机制。

四、推动城乡发展一体化

1. 坚持中国特色农业现代化道路

坚持中国特色农业现代化道路是推进城乡一体化发展的基础。实现城乡一体化发展,必须加快推进农业现代化,走生产技术先进、经营管理适度、市场竞争力强、生态环境可持续的中国特色农业现代化道路。

2. 推进以人为核心的新型城镇化

城镇化是现代化的必由之路。中国特色的城镇化是以人为本、以人为核心的

城镇化,这包含三重含义:一是城镇化的目的是提高城镇化人口的素质和生活质量;二是城镇化的布局要依据资源环境承载能力合理规划;三是城镇化的建设要兼顾效率、生态和文化的关系。

3. 加快完善城乡发展一体化的体制机制

推进城乡发展一体化,必须要统筹考虑城镇化与新农村建设。一方面,加快小城镇建设,提高产业发展、就业吸纳和人口聚集能力。另一方面,有序推进新农村建设,坚持规划先行,注意合理布局。推进城乡发展一体化,必须全面推进城乡基本公共服务均等化。

五、全面提升开放型经济水平

1. 经济全球化新形势对中国的机遇与挑战

从机遇看,中国融入经济全球化,能够引进资本、管理、科技、人才等推动经济发展的要素,积极参与国际分工和贸易体系,创建和发挥中国的比较优势,从而实现跨越式发展。从挑战上看,经济全球化由发达资本主义国家主导,发达资本主义国家凭借综合国力和核心竞争力的优势,控制主导着国际经济秩序和规则,这可能会干扰我国市场经济的社会主义方向,也可能使我国产业长期陷入世界分工体系的外围低端,同时也必然面临发达资本主义国家对外输出危机的风险。

2. 全面提升开放型经济水平的主要内容

提升开放型经济水平,一是要持续推进对外贸易体系的增长,积极培育外贸增长点,大力度推进外贸结构调整。二是深化"引进来"战略,大胆利用国外资金、技术、人才及先进管理经验。三是加快"走出去"战略,鼓励企业参与境外基础设施建设和产能合作。四是探索多层次的国际经济合作新方式,加强不同国家间的经济交流与合作,寻求技术、人才、资金等方面的合作新模式。

3. 推动"一带一路"建设

"一带一路"(英文为 The Belt and Road,缩写 B&R)是"丝绸之路经济带"和"21世纪海上丝绸之路"的简称。"一带一路"是经济全球化新形势下深化对外开放的构想,它将充分依靠中国与有关国家既有的双多边机制,借助既有的、行之有效的区域合作平台。一带一路旨在借用古代丝绸之路的历史符号,高举和平发展的旗帜,积极发展与沿线国家的经济合作伙伴关系,共同打造政治互信、经济融合、文化包容的利益共同体、命运共同体和责任共同体。"一带一路"建设秉承共商、共建、共享的原则。

理论探讨

核心观点：2013 年 9 月 7 日，习近平在哈萨克斯坦纳扎尔巴耶夫大学发表演讲，提出了共同建设"丝绸之路经济带"的畅想。同年 10 月，习近平出访东盟，提出共同建设"21 世纪海上丝绸之路"。"丝绸之路经济带"和"21 世纪海上丝绸之路"共同构成了"一带一路"的倡议。2015 年 3 月 27 日在海南博鳌亚洲论坛上，国家发展和改革委员会、外交部和商务部联合发布了《推动共建丝绸之路经济带和 21 世纪海上丝绸之路的愿景与行动》。这标志着对中国发展将产生历史性影响的"一带一路"战略进入全面推进建设阶段。

根据愿景与行动，"一带一路"旨在促进经济要素有序自由流动、资源高效配置和市场深度融合。这表明，中国期望在符合当前世界发展机制和趋势的前提下更深地融入全球经济体系，并在引领世界经济发展中发挥更积极的作用。但是，"一带一路"框架包含了与以往经济全球化完全不同的理念，即"和平合作、开放包容、互学互鉴、互利共赢"，而且强调了"共商、共建、共享"的原则。总体上，"一带一路"战略可以简单地用"一个核心理念"（和平、合作、发展、共赢）、"五个合作重点"（政策沟通、设施联通、贸易畅通、资金融通、民心相通）和"三个共同体"（利益共同体、命运共同体、责任共同体）来表达。

2017 年 5 月 14 日，习近平主席在"一带一路"国际合作高峰论坛开幕式上发表《携手推进"一带一路"建设》的演讲，全面阐述了"一带一路"倡议的历史渊源和目标原则，总结了"一带一路"的建设成就，提出了中国政府进一步推进"一带一路"建设的政策措施。只要沿线各国和衷共济，就一定能够谱写建设丝绸之路经济带和 21 世纪海上丝绸之路的新篇章，让沿线各国人民共享"一带一路"共建成果。

观点纷呈：

1."一带一路"的内涵解读

国内研究者对"一带一路"的内涵解读更多地来源于领导讲话、政府文件、国际国内发展需要的现实层面，具体内涵包括：第一，"一带一路"是一种建设性合作倡议，提倡通过多边合作和共商、共建、共享，实现互利共赢、共同发展的建设目标。第二，"一带一路"建设始终坚持开放包容原则，不搞"替代方案"或"集团联盟"，所有古代丝绸之路沿途国家均可参与进来，并欢迎域外国家和组织发挥建设性作用。第三，中国明确表示在"一带一路"建设中不谋求主导地位、不经营势力范围、不干涉别国内政①,并履行道义为先、义利并举、多予少取、先予后取的新型义利观②,带动沿途国家和地区共同繁荣发展。第四,"一带一路"的主体是经济合作、互联互通和人文交流,基本方式是平等协商、循序渐进,陆续推出基建、交通的互联互通及贸易投资的便利化。③ 第五,为了促进"一带一路"建设,中国提出共同推进"政策沟通、道路联通、贸易畅通、货币流通、民心相通"建议,坚持讲信修睦、合作共赢、守望相助、心心相印、开放包容的合作方针和"亲、诚、惠、容"的外交理念,着力打造"利益共同体"和"命运共同体"。④

也有的学者认为,"一带一路"建设主要包含经济、安全、人文三重内涵。首先,从经济内涵来说,主要在于扩大与更多国家和地区的互利合作,构建全方位开放新格局,加快经济转型升级,促进区域经济协调发展。其次,从安全内涵来讲,虽然"一带一路"建设并不涉及政治、安全等敏感领域,但客观上对打击"三股势力"、保障国家安全、营造和平国际环境具有重要作用。再次,从人文内涵来看,"一带一路"建设将通过加强人文交流与国际合作,促进不同国家、不同民族、不同文化之间的相互理解、相互尊重、相互信任,为实现人类文明的共同繁荣发展创造有利条件。⑤

国外研究者在解读"一带一路"的内涵时更多地是从中国崛起的战略角度及其对世界的影响视野来表述。例如:世界银行前副行长帕拉西奥认为,中国将延续古代丝绸之路文明沟通的桥梁作用,而不冲突、不对抗政策则是新丝绸之路的精华所在。新加坡东亚研究所所长郑永年认为,丝绸之路既是中国古老文明的一部分,也是当代中国文明在国际政治舞台上自信和复兴的有效方法。缅甸资深媒体人吴温丁认为,"一带一路"设想体现了中国领导人的高瞻远瞩,同时也是为了解决世界的和平发展与共同繁荣问题。俄罗斯科学院远东研究所副所长卢贾宁则认为,"一带一路"构想是遏制美国并将其赶到大西洋的有效武器。⑥

2."一带一路"战略的意义

"一带一路"战略反映了我国新时期积极作为的国际战略思想,已获得近六十个国家和地区的支持与认同。该构想推动各国共同打造互利共赢的"利益共同体"

---

① 李庚香,王喜成.新"丝绸之路经济带"的战略特点与河南的积极融入[J].区域经济评论,2014(6):44.
② 罗建波.大国外交新思维与中国的国际责任[N].学习时报,2014-05-05(2).
③ 段从宇,李兴华."一带一路"与云南高等教育发展的战略选择[J].云南行政学院学报,2014(5):134.
④ 何中.践行亲诚惠容理念打造周边命运共同体[N].人民日报,2014-02-27(8).
⑤ 本刊记者.三重内涵:注入中国和世界发展新动力[J].宁波经济,2014(10):24-25.
⑥ 本刊记者.专家解读:"一带一路"建设策略[J].宁波经济,2014(10):32-33.

和共同发展繁荣的"命运共同体"。

(1) 利于中国形成回归世界文明主流的国际战略

建设"一带一路"是中华文明回归世界文明主流的国际战略,也是体现周边为首要的国际战略,是中国第一次提出参与世界治理的新模式。建设"一带一路"是亚洲文明共建与中国复兴开放的需要,也是中国特色大国外交的需要,更是中国特色、风格与气派的体现。"一带一路"是一个全新的国际关系模式,强调中国国内利益和内部发展与邻国的利益和发展是在一个互利互惠的系统中共同发展和繁荣的。

(2) 利于中国形成新型改革开放格局

"一带一路"战略将构筑中国新型改革开放的格局,既促进中西部地区改革开放步伐的加快,激活经济活力,又促进东部地区经济结构的升级转型,有利于对外资本输出。对中西部地区而言,由于"新丝绸之路经济带"的建设,将有力地成为全面提升中西部地区经济水平的主引擎,在加大中西部对外开放程度的同时,也将极大地提升其经济活力。对东部地区而言,积极推动"21世纪海上丝绸之路"建设,将深化东部地区与海外地区尤其是东南亚国家的经贸合作力度,这既有利于东部地区借此实现产业的转型与升级,也将带动其对外投资的资本输出。

(3) 利于中国输出优势产能,支持周边基础设施建设

中国拥有全球最多的外汇储备,同时还是一个制造业大国,与"一带一路"沿线国家产业相比,产业优势较为突出。通过建设"一带一路",中国能向沿线国家输出优势产能,从而带动中国经济与就业的发展。"一带一路"沿线的很多国家基础设施建设比较薄弱,而我国具有丰富的基础设施建设经验和能力,工程承包在全球具有较强的竞争力,通过支持周边基础设施建设,为我们提供较为广阔的市场空间。建设"一带一路"可以打开新兴经济体与发展中国家基建需求的大门,为亚太、非洲、拉美等新兴市场的基础设施建设提供有力的资本支持与强大的技术支撑,将有效地完成国内供给与海外需求的有效对接,并实现双赢。

(4) 利于中国显著提升对外经贸关系

"一带一路"战略的实施将有力地巩固中国同周边国家的合作基础,并将经贸合作的理念辐射到欧、非、拉美等大洲,这将有效地加强我国同合作国之间的互联互通与优势互补,以最终实现双赢。"一带一路"的倡议已受到沿线所在国家,尤其是中亚国家的欢迎与赞同,并且随着"一带一路"战略的不断向前迈进,新的亚欧商贸通道和自贸区的形成将对提升合作的贸易经济水平产生积极影响,将有效提升全球范围内的"中国影响力"。

3. "一带一路"面临的挑战

建设和推进"一带一路"战略不失为一个对临边、沿岸以及其他区域国家互利

共赢的经贸投资、金融合作、文化交流等均有助益的安排。但由于关联国家多、涉及领域广、实施期限长,推进这一战略的过程是不会很平坦顺利的,所以现阶段我国在推进"一带一路"战略过程中还是遇到了一定的挑战。

(1) 国内省区各自为政

国内"一带一路"沿线省区存在竞争关系,如果不从整体进行规划,势必导致区域分割、各自为政、重复投资的问题。容易出现重大战略项目无人承担责任,无人拍板决策;各部门难以协调,各机构竞争大于合作,内部没有形成"互联互通";缺乏实力雄厚、决策科学、管理规范、熟悉国际竞争的投资主体,从而难以实现区域协调发展、协同发展、共同发展。

(2) 出现不联不通、联而不通和通而不畅问题

首先,在硬件方面,"一带一路"沿线国家缺乏交通、通信、电网、油气管线等硬件设施。基础设施是目前制约沿线国家深化合作的薄弱环节。其次,在软件方面,沿线国家之间的法规政策不兼容。再次,民心方面,目前"一带一路"建设的主要问题是沿线国家民心不通,政治互信不足,彼此差异化大于共同点、差异化大于包容性,彼此矛盾冲突大于合作。如何培育和凝聚这种共识,化解分歧和矛盾是推动"一带一路"建设,促进互联互通的关键。最后,缺乏政治互信,周边国家从地缘政治的角度对于中国的规划存在戒心。

(3) 存在国别经济与政治风险

由于"一带一路"沿线许多国家对外深陷大国博弈,对内面临领导人交接、民主政治转型、民族冲突等多重矛盾,"一带一路"沿线国家的政治风险已经成为推进我国"一带一路"战略的最大风险。主要表现在:第一,大多数国家法律体系建设相对落后,有关投资、贸易的法律制度尚不完善。第二,地缘关系成为影响法律环境的重要因素。东南亚、中东欧国家法律风险较小,南亚、中亚及独联体国家较高。第三,司法体系与司法执行效率两极分化较为突出,除新加坡、泰国、波兰、匈牙利、土耳其等,大多数国家的法律执行不力,政治干预严重。

(4) 外方的困惑和不理解问题

很多国家对中国存在不信任感,特别是美国,他们视中国的"一带一路"战略为对美国在亚洲和世界统治地位的挑战;认为中方战略意图很强,在布置世纪大格局,企图整体改变欧亚大陆格局。其他国家或许担心会过度依赖中国的贸易和投资。中国拟发起设立的亚洲基础设施投资银行(AIIB)也被认为是在挑战世界银行和亚洲开发银行等以美日为主的国际金融机构的领导地位。

4. "中国版马歇尔计划"之辩

随着世界级战略"一带一路"不断取得新的进展,尤其是在 2014 年 APEC 北京峰会期间,中国宣布将设立总部位于北京的亚洲基础设施投资银行和丝路基金之

后,中外媒体多将"一带一路"计划与美国"二战"后对西欧各国进行的欧洲复兴计划——"马歇尔计划"相类比,并将"一带一路"称之为"中国版马歇尔计划"。然而,两者之间在经济与政治安全等层面虽然存在着一定的共性,但在实际上却存在着质的区别。

(1) 两者之间的共性

从经济角度出发:"一带一路"被认为主要是面向中亚、东盟等地区的投资扶持与发展计划,尤其是亚洲基础设施投资银行和丝路基金的设立,往往被视为"中国版马歇尔计划"的战略安排。该计划的实施,会加速合作国与地区之间的一体化进程,这一点与"马歇尔计划"在欧洲经济复苏中的一体化作用异曲同工。

从政治、安全角度出发:中国作为崛起的大国,利用自身经济的实力来达到一定的对外政策目标。众所周知,"马歇尔计划"有效地助力美国奠定在欧洲的地位,并一跃成为真正的超级大国;而同样的道理,"一带一路"建设也将有效地提升中国在亚洲的地位与影响力,为中国的和平崛起开拓强有力的国际环境支撑。

(2) 两者之间的区别

首先,出发点不同。"马歇尔计划"实施的时代背景与"一带一路"大不相同,美国实施"马歇尔计划"是为了应对战后欧洲政治真空期中来自苏联的挑战,因此在本质上是建立相同意识形态基础上的政治控制,具有政治安全属性。而"一带一路"是在国与国之间依存度普遍上升的时代背景下,中国谋求同合作国之间长期的共同发展,实现优势互补、互利合作。

其次,合作原则不同。"马歇尔计划"的制订是为了遏制苏联,因此具有明显的排他性,并且在实施经济救援过程中附加了不平等的条件,已达到影响并控制受援国经济、政治的目的。"一带一路"不干涉他国内政,任何有意愿合作的国家均可平等参与,充分尊重参与国的自主权,根本上体现的是自愿自主与平等互利的原则。

最后,最终目的不同。"马歇尔计划"制订的最终目的是服务于美国的霸权主义,制定战后新秩序,其援助的重点不在于规模的大小,而在于对受援国经济的影响与政治的控制。"一带一路"最终目的是在合作的基础上实现共赢,并不谋求通过新制度的制定实行区域霸权主义,主张优势互补、务实合作与共同发展。

5. "一带一路"的实践路径

关于"一带一路"的实践路径是许多学者研究的重点,针对中国"一带一路"建设中的现状与问题,许多研究者都从不同的角度提出了各自的建设性意见。

从思想认识上来说,有的学者提出实施"一带一路"建设要避免三个认识误区:一是避免将"一带一路"视为一个简单的、单纯的经贸战略,而忽略了其强调各领域合作交流和扩大对外开放的内涵;二是避免将"一带一路"视为简单的扩大对外投资、抢占发展中国家的战略,而忽视了其推进互利共赢、共同发展的内涵;三是避免各个地方借用这个主题来简单地重复"招商引资"的老路,从而在"一带一路"的旗帜下盲目上马、扩张低效率的投资,而忽略了其推动形成开放型经济新体制和以开放促改革、促转型的内涵。① 还有的学者提出,在实施"一带一路"建设中,至少需要处理好八个方面的关系,即传统继承与时代创新的关系;中国发展战略与相关国家发展战略的关系;"一带一路"框架下的合作机制与地区现有合作机制的关系;当前合作与长远目标的关系;经济合作与人文合作的关系;政府主导与市场和民间力量的关系;基础研究与顶层设计的关系;引导国内舆论与国际舆论的关系等。②

在具体操作思路上,研究者更多地是围绕政策沟通、道路联通、贸易畅通、货币流通、民心相通五个方面,从政治、经济、文化、社会、外交等层面提出了许多对策措施。例如:有的学者提出,要促进基础设施互联互通、提升经贸合作水平、拓展产业投资合作、深化能源资源合作、拓宽金融合作领域、密切人文交流合作、加强生态环境合作、积极推进海上合作。③ 有的学者认为,要坚持人文交流先行,争取民心支持;加强互联互通,促进贸易联通;夯实合作基础,带动经济合作;依托实体经济,带动货币流通;创新合作模式,实现互利共赢等。也有的学者提出,要充分依靠中国与有关国家既有的双边和多边机制,借助既有的上海合作组织、欧亚经济联盟、中国—东盟(10+1)等区域合作平台,注入新的合作内涵和发展活力;妥善处理与俄罗斯、中亚等国业已形成的区域合作关系,创新合作模式,在融合与竞争之外,形成互利共赢的"共同体"发展局势。④ 另外,还有一些学者从不同的角度提出了一些富有创造性的观点。例如:有的学者认为,建设"一带一路"需要文化先行,把握机遇,尊重规律,促进文化交流与合作;⑤有的学者提出,要提高对外传播策略,注意减少疑虑,不宜把丝绸之路的话语过于"战略化";⑥也有的学者提出,要注意跟踪研究其他国家丝绸之路战略的实施进展,借鉴其成功经验,规避其失败教训等。⑦

---

① 王辉.理解"一带一路"战略应避免三个误区[J].环球财经,2014(7).
② 孔根红.推进"一带一路"宜处理好若干关系[J].中国投资,2014(10):47-49.
③ 李朴民.南北并进海陆统筹共同推进"一带一路"建设[J].中国财贸导刊,2014(31):4-5.
④ 于光军.建设"丝绸之路经济带"与"21世纪海上丝绸之路"研究热点述评[J].内蒙古社科学(汉文版),2014(6):9-12.
⑤ 蔡武.坚持文化先行建设"一带一路"[J].求是,2014(9):44-46.
⑥ 蒋希蘅,程国强."一带一路"建设的若干建议[J].西部大开发,2014(10):100.
⑦ 梁恒柱.国际经验对建设"丝绸之路经济带"和"21世纪海上丝绸之路"的启示[J].中外企业文化,2014(8):86-87.

案例分析

1. 中信银行:"一带一路"政策下的新发展

(1) 中信银行与哈萨克斯坦 Halyk 银行签署股权买卖备忘录

2016年11月3日,应哈萨克斯坦 Halyk 银行邀请,中信银行与哈萨克斯坦 Halyk 银行在哈萨克斯坦总理府签署股权买卖备忘录,拟从哈萨克斯坦 Halyk 银行购买其全资持有的 Altyn 银行60%股权。收购完成后,中方投资人合计持有 Altyn 银行60%股权(其中中信银行持有不低于40%),Halyk 银行继续持有其余40%。中信银行将成为国内首家在哈收购银行的股份制商业银行。

"一带一路"是"十三五"期间我国对外开放的重大战略,资金融通是"一带一路"合作倡议的重要内涵。在这一背景下,中信银行抓住历史机遇,紧跟时代发展与行业创新的主旋律,以建设"最佳综合融资服务银行"为发展愿景,瞄准中国经济转型升级过程中的金融需求,主动作为、不断创新。本次选择赴哈萨克斯坦收购当地银行控股权,是该行响应国家"一带一路"倡议的战略举措,这种方式将更好地服务在哈的中外企业和居民。双方将在进一步开展工作的基础上签署正式交易协议,并报两国监管机构审批之后,履行交割程序。中信银行收购哈萨克斯坦当地银行,有助于开创中哈金融合作新模式,发挥金融的助力作用,促进两国各领域务实合作的进一步深入发展,将带动中信集团在哈萨克斯坦乃至整个中亚地区的业务发展,将加快实施中信银行海外发展战略和布局。

(2) 昆明分行创新契约式基金支持重大基建

近年来中信银行昆明分行充分意识到,深入推进现代新昆明战略,加快呈贡新区改革发展建设,将呈贡新区作为滇中城市经济圈"中央处理器的核心",是昆明主动服务和融入国家"一带一路"建设的希望所在、潜力所在。凭借极其专业的业务能力和绝对丰富的业务经验,昆明分行投资银行部根据呈贡新区各方面状况精细分析、量体裁衣,为昆明市呈贡新区创新定制了城市发展基金融资服务方案。2016年5月27日,中信银行昆明分行"一带一路昆明呈贡新区城市发展基金"项目成功落地,由中信银行、呈贡新区核心区土地一级开发主体新都公司分别出资构成,募集资金在3年期限内全部用于支持位于呈贡新区的昆明火车新南站及其配套基础设施的建设。

"一带一路昆明呈贡新区城市发展基金"项目是云南省首单采用"契约制基金+政府采购协议"模式的结构化融资项目。契约制基金具有投资灵活、成本低廉等优势,属于专业性极强的创新型融资产品。由中信银行昆明分行牵头的该契约制基金,在没有任何可参考先例的情况下,中信银行与昆明市政府、呈贡新区政府积极配合、齐心协作,实现了云南省"契约制基金+政府采购协议"模式从0到1的突破,是云南省以及中信银行对于城市发展建设提供资金需求的开创式全新探索,是云南省以基金方式创新工具解决政府融资平台融资难问题的深入探求。

(3) 合肥分行银团贷款支持赞比亚道路项目

安徽水安建设(集团)股份有限公司(下称"水安建设")是安徽省拥有水利水电特级资质,建筑工程、市政公用2个工程施工总承包一级资质,公路工程施工总承包二级资质等多项资质的大型工程承包类企业。

国家"一带一路"战略实施后,工程承包类企业在亚非的基建投资业务机会增加,但由于水安建设在延付类项目融资方面缺乏经验,业务矛盾日益突出。发现该公司面临的矛盾后,中信银行合肥分行多次和中国出口信用保险公司拜访水安建设,对境外工程承包项下的风险规避和融资模式进行了详细说明和方案推介。合肥分行积极推介了特险项下的量单融资、中长期应收账款债权再融资、出口买方信贷和出口卖方信贷。

通过沟通,水安建设的业务思路逐步打开。在赞比亚的道路项目投标中,公司开始积极与海外业主推介买方信贷方案。赞比亚道路项目是水安建设对赞比亚西部长约103公里的道路进行升级改造,业主要求承包方能够垫资开展业务,在业务投标阶段,投标人就必须将融资方案作为投标内容一并上报,作为评标的一项内容。水安建设第一时间与合肥分行和中国出口信用保险公司联系,要求出具承保方案和融资方案。合肥分行发现该项目是一个主权项目,最终的还款来源是赞比亚财政部资金,且赞比亚符合中信保承保条件。根据项目的信息、业主需求、项目特点等,合肥分行为水安建设出具了买方信贷的初步方案,最终以银团贷款的方式确定了本次买方信贷的融资方案。

点评:

> "一带一路"建设为国际社会探索国际基础设施投融资框架提供了难得的历史性机遇。基础设施建设风险集中、收益分散的特性,使其长期存在项目资金缺口。如何构建一套融资机制为国际基础设施建设提供持续融资,是当今国际金融体系面临的重要挑战。"一带一路"投融资机制轮廓初显。中信银行通过与哈萨克斯坦 Halyk 银行在哈萨克斯坦总理府签署股权买卖备忘录,收购持有哈萨克斯坦银行的股份,创新投资模式,为我国银行走出去提供良好的借鉴。昆明分行通过创新契约式基金模式,为解决政府融资平台融资难问题提供良方。

> 合肥分行为水安建设出具了买方信贷的初步方案,最终以银团贷款的方式确定了本次买方信贷的融资方案。资金融通是"一带一路"建设的关键动力,上述案例表明,"一带一路"建设将通过多方金融机构协作,创新投融资方式,建立能够动员公共和私营部门以及匹配资金需求和供给的多元化投融资新模式,为"一带一路"沿线基础设施建设和贸易规模的不断扩大提供有力的资金支撑。①

2. "一带一路"政策下企业的腾飞

(1) "一带一路"海尔样本

海尔冰箱最新的俄罗斯终端销售数据显示,海尔冰箱2017年1~5月份在俄罗斯销量同比增长171%,销售额增长达到232%,增速是行业的5倍。据海尔冰箱俄罗斯市场有关负责人表示,如此明显的销量增幅,体现了海尔冰箱在俄罗斯市场提供个性化定制获得消费者认可,突破了家电行业低速增长的限制,成为当地消费者最信赖的冰箱品牌。

据行业专家分析认为,海尔冰箱此次在俄罗斯市场销售份额的明显增长,主要得益于海尔冰箱在当地的3大创新模式:建立用户体验基地、个性化定制服务,以及提升当地化制造品质。其中,个性化定制服务是贯穿海尔冰箱整个国际化战略的根本理念。海尔冰箱根据俄罗斯人有大批量采购和存储食材的习惯,专门推出了高效节能、智能、大容量的冰箱产品。此外,海尔冰箱产品的 TABT 负离子杀菌及灵活组合的冰箱空间,满足了俄罗斯消费者的需求。与此同时,鉴于俄罗斯用户平均身高比较高的特点,海尔针对当地市场定制的产品高度也大多在1.9米至2米,可以为消费者带来更好的使用体验。被中国驻俄罗斯商务参赞盛赞为"一带一路"投资的"第一只春燕"的海尔俄罗斯冰箱工厂,是当地第一个非能源领域的中俄大型制造合作项目,对中俄双方的企业有带动和示范作用,因此俄罗斯冰箱工厂项目受到中俄双方政府的高度关注。中国企业提振"一带一路"沿线国家经济的作用显而易见。②

(2) 不走平凡路:微宏借力"一带一路"

有这样一家新兴电池企业,在与众多国际知名企业竞争时,一鸣惊人,成为"黑

---

① 人民网."一带一路"多元化融资机制为基础设施融资提供解决方案[EB/OL].[2017-05-30]. http://opinion.china.com.cn/opinion_60_165860.html.

② 中国财经时报网.海尔冰箱在俄销量同比增长171%;增速5倍于行业[EB/OL].[2017-06-09]. http://finance.china.com/jykx/news/11179727/20170609/25069441.html.

马",最终脱颖而出,让世界看到了"中国制造"的实力。它就是国内新能源汽车动力电池制造商——微宏动力系统(湖州)有限公司(以下简称"微宏动力")。"一带一路"建设的不断深入,为国内正值大好发展势头的新能源汽车产业链企业"走出去"提供了大舞台。

重质量,抓机遇

中国汽车工业协会副秘书长叶盛基曾表示,当前我国政府大力实施"一带一路"国家战略,对于我国汽车工业转型升级有着重大积极意义。2015年5月,微宏动力通过自身的努力和过硬的技术,获得了由英国政府投入巨资打造的电动车推广项目——1 000辆混合动力巴士的电池系统订单。据了解,这一项目堪称"一带一路"沿线国家中,除中国外最大的客车电动化项目。也正因如此,微宏动力成为我国"一带一路"发展进程中的企业典范之一,成为业界关注的焦点。随着搭载微宏动力电池的巴士正常运营两年多后,零故障和低损耗等优异表现让世界对"中国制造"动力电池技术刮目相看。微宏动力首席运营官肖调坤表示,因为有强大的国家做引领,我们这些企业就应顺势而为。

不可能,变可能

我国提倡的"一带一路"不仅是欢迎各国搭乘中国发展的"顺风车",同时也为我国新能源汽车"走出去"提供了发展的大舞台。微宏动力首先就以进军欧美市场为开拓"一带一路"沿线国家市场的起点;2013年9月,微宏动力率先获得了由英国国家质量认证有限公司颁布的ISO/TS16949:2009认证证书;微宏动力的"汽车用锂离子动力电池系统及其部件的设计、开发和制造"质量管理体系,获得了国际汽车行业最高技术规范的认可。去年6月,微宏动力荣获了金融时报颁发的"转型创新商业卓越奖"以及"低碳城市转型创新成就奖"两大奖项。截至目前,除接下伦敦1 000辆巴士客车电池项目外,微宏动力的快充动力电池系统也已经出口到了德国、荷兰、新加坡、比利时、哈萨克斯坦等多个国家。微宏动力的成功向世界表明了"中国制造"电池不仅能在发达国家市场扎下根,而且还能发展很好。①

点评:

> "一带一路"倡议的是一项互利共赢、共同发展的大举措,促进了贸易便利化。中国企业应当抓住机遇,努力实现企业经营市场化、管理国际化、人员本地化,发挥内部资源的最大效益,保证海外经营的灵活性,不断提高国际竞争力,提升"中国制造"品质,树立"中国品牌"形象。在此案例中,海尔公司深

---

① 新能源汽车报.不走平凡路微宏借力"一带一路"[EB/OL].[2017-06-06]. http://www.nev168.com/archive.php? aid=741749.

入了解俄罗斯文化习俗,坚持先有市场再有工厂的原则,提供个性化定制服务,快速响应市场需求,给当地带来了资金、先进生产模式和创新技术。同时,海尔实现了商业模式的输出、转型以及占位中亚提升俄罗斯的家电话语权,是"一带一路"模式之下真正的双赢。而微宏动力则借助"一带一路"这个良好的契机,将自身产品积极推向国际市场;同时以技术和实力定位,提高电池效能,致力于新型能源动力发展与绿色环保理念,赢得了英国方面的认可,成功打开欧美市场。微宏动力电池技术的进步,也不断推动我国新能源汽车行业的发展,更为我国新能源汽车"走出去"提供良性指引。"一带一路"建设也必将给我国经济增长带来持久动力,构成新时期我国开放发展谋篇布局的重要组成部分。①

"一带一路"——和平共享之路(节选)②

2 000多年前,我们的先辈筚路蓝缕,穿越草原沙漠,开辟出联通亚欧非的陆上丝绸之路;我们的先辈扬帆远航,穿越惊涛骇浪,闯荡出连接东西方的海上丝绸之路。古丝绸之路打开了各国友好交往的新窗口,书写了人类发展进步的新篇章。中国陕西历史博物馆珍藏的千年"鎏金铜蚕"、在印度尼西亚发现的千年沉船"黑石号"等,见证了这段历史。

现实维度看,我们正处在一个挑战频发的世界。世界经济增长需要新动力,发展需要更加普惠平衡,贫富差距鸿沟有待弥合。地区热点持续动荡,恐怖主义蔓延肆虐。和平赤字、发展赤字、治理赤字,是摆在全人类面前的严峻挑战。这是我一直思考的问题。

2013年秋天,我在哈萨克斯坦和印度尼西亚提出共建丝绸之路经济带和21世纪海上丝绸之路,即"一带一路"倡议。"桃李不言,下自成蹊。"4年来,全球100

---

① 新华网. 习近平出席推进"一带一路"建设工作座谈会并发表重要讲话[EB/OL]. [2017 - 08 - 17]. http://news.xinhuanet.com/photo/2016 - 08/17/c_129237311.htm.

② 节选自新浪财经. 习近平出席"一带一路"国际合作高峰论坛开幕式并发表主旨演讲[EB/OL]. [2017 - 08 - 17]. http://finance.sina.com.cn/roll/2017 - 05 - 15/doc - ifyfecvz1326505.shtml. 题目为编者拟.

多个国家和国际组织积极支持和参与"一带一路"建设,联合国大会、联合国安理会等重要决议也纳入"一带一路"建设内容。"一带一路"建设逐渐从理念转化为行动,从愿景转变为现实,建设成果丰硕。

中国人说,"万事开头难"。"一带一路"建设已经迈出坚实步伐。我们要乘势而上、顺势而为,推动"一带一路"建设行稳致远,迈向更加美好的未来。这里,我谈几点意见。

第一,我们要将"一带一路"建成和平之路。古丝绸之路,和时兴,战时衰。"一带一路"建设离不开和平安宁的环境。我们要构建以合作共赢为核心的新型国际关系,打造对话不对抗、结伴不结盟的伙伴关系。各国应该尊重彼此主权、尊严、领土完整,尊重彼此发展道路和社会制度,尊重彼此核心利益和重大关切。古丝绸之路沿线地区曾经是"流淌着牛奶与蜂蜜的地方",如今很多地方却成了冲突动荡和危机挑战的代名词。这种状况不能再持续下去。我们要树立共同、综合、合作、可持续的安全观,营造共建共享的安全格局。要着力化解热点,坚持政治解决;要着力斡旋调解,坚持公道正义;要着力推进反恐,标本兼治,消除贫困落后和社会不公。

第二,我们要将"一带一路"建成繁荣之路。发展是解决一切问题的总钥匙。推进"一带一路"建设,要聚焦发展这个根本性问题,释放各国发展潜力,实现经济大融合、发展大联动、成果大共享。产业是经济之本。我们要深入开展产业合作,推动各国产业发展规划相互兼容、相互促进,抓好大项目建设,加强国际产能和装备制造合作,抓住新工业革命的发展新机遇,培育新业态,保持经济增长活力。

金融是现代经济的血液。血脉通,增长才有力。我们要建立稳定、可持续、风险可控的金融保障体系,创新投资和融资模式,推广政府和社会资本合作,建设多元化融资体系和多层次资本市场,发展普惠金融,完善金融服务网络。

"一带一路"的互通观念(节选)[①]

经济全球化3.0时代,更多国家间实现更全面深入的"互联互通"是最基本的趋势。中国提出"一带一路"构想,其核心含义也首先是要实现更通畅的"互联互通"格局。"一带一路"构想涉及战后世界秩序和地缘政治格局的重大变化,几乎同世界地缘政治格局的四大板块(也有学者称之为"战略辖区")均有密切关系:包括以美国及濒海欧洲国家为核心的海洋国家板块、以俄罗斯为核心的欧亚大陆国家板块、以复兴中的中国为核心的东亚陆海板块,以及将会崛起的以印度为核心的南亚次大陆板块等。

[①] 节选自金碚.论经济全球化3.0时代——兼论"一带一路"的互通观念[J].中国工业经济,2016(1):17-18.

由于中国的地缘政治地位是处于"以复兴中的中国为核心的东亚陆海板块",其特点是兼具海洋和大陆两方面的性质。所以,"一带一路"战略既不是单纯的海权观念逻辑,也不是单纯的陆权观念逻辑。今天,很难再像当年中国实行改革开放时可以承接现成的"自由贸易"和"经济全球化"观念那样,也承接并要求所有相关国家接受现成的世界通行观念,来顺利推进"一带一路"战略。但是,问题的严重性恰恰在于,如果没有实施"一带一路"战略的理念基础,不能实现各国间的"观念互通",各国处于"不放心"状态,实践中的"互联互通"将会障碍重重。

中国不是世界第一强国,目前的软硬实力均不足以在全世界推行一套普遍认同的价值观念,且中国历来主张"和而不同",尊重不同国家和民族的价值文化和自主选择。所以,"一带一路"的"观念互通"并不是"观念统一",相关各国也并无可以统一的观念。例如,中国接受了"自由贸易""全球化"观念,其他相关国家未必同意。中国主张"全方位对外开放",其他国家对"开放"未必有同样理解。即使其他国家的政府认同了某种观念,社会各界也未必服从,而且,政府本身也可能因执政党轮替而改变倾向。所以,观念互通的实际含义只能是"观念相容"、和而不同,而且要各方"说得明,听得懂",以最大限度的包容性来实现有差异的观念间的沟通,寻求各国不同价值观念中的最大"公约数"。当前,有可能使参与"一带一路"相关国家(地区)认同的观念是:伙伴互惠,主客便利,抉择相容。

资本收入拉大贫富差距(节选)①

虽然劳动收入不平等有时被视为温和不平等,不再会激起冲突,但这在很大程度上是与资本所有权分配相比较的结果,而后者在每个地方都是极端不平等的。在财富分配最平等的社会(还是 20 世纪七八十年代的斯堪的纳维亚国家),最富裕的 10% 占有国民财富的约 50%。当下,在 21 世纪第二个十年初,在多数欧洲国家,尤其是在法国、德国、英国和意大利,最富裕的 10% 占有国民财富的约 60%。

最令人惊讶的事实是,在所有这些社会里,半数人口几乎一无所有:最贫穷的 50% 占有的国民财富一律低于 10%。如同工资不平等的情况,重要的是要很好把握这些财富数字到底意味着什么。

我们设想有一个每位成人平均净财富为 20 万欧元的社会,当今最富裕的欧洲国家大体属于这种情况。这一私人财富可以划分成两个大致相等的部分:一方面是房地产,另一方面是金融和商业资产。

如果最贫穷的 50% 占有财富总额的 5%,那么从定义上讲,这一群组的每个成员平均占有全社会每个成员平均财富的 10%。在上一段落的例子中,这意味着最

---

① 节选自[法]托马斯·皮凯蒂.21 世纪资本论[M].巴曙松,等,译.北京:中信出版社,2014:266-267.

贫穷50％中每人平均占有净财富2万欧元。这不算小数目，但与社会其他财富相比就非常少了。

具体而言，在这样一个社会，最贫穷的半数人口一般都是庞大的数目（一般占总人口的1/4），他们根本没有什么财富，或者顶多几千欧元。实际上，有些人仅拥有负的净财富（他们的债务超过资产）。其他人拥有少量财富，约6万到7万欧元，也许还多一点。这些情况，包括存在大量绝对财富接近零的人员，导致最贫穷的半数人口平均财富约为2万欧元。

对这一半数人口来说，财富和资本概念是相对抽象的。对数百万人来讲，"财富"加起来不过是支票账户或低利率储蓄账户里几个星期的工资、一辆汽车和几件家具。无法逃避的现实是：财富非常集中，社会中大部分人几乎意识不到这种情况的存在。在天平的另一端，最富裕的10％占有总财富的60％。因此，该群组每个成员平均拥有该社会平均财富的6倍。

最后，让我们转向总收入不平等问题，即劳动收入加资本收入。不出意料，总收入不平等的水平居于劳动收入不平等和资本收入不平等之间。也请注意，总收入不平等更接近劳动收入不平等而非资本收入不平等，因为劳动收入一般占国民总收入的2/3到3/4。具体地讲，在20世纪七八十年代斯堪的纳维亚平等社会里，收入层级的最上层10％占有国民收入的约25％（当时的德国、法国是30％，现在则高于35％）。在更加不平等的社会里，最上层10％占有国民收入的50％（最上层1％占有约20％），旧制度及美好时代之时的法国和英国是这种情况，当今的美国也是这种情况。

剪羊毛与美国1921年农业衰退（节选）①

"1894年9月1日，我们将停止一切贷款的延长。那一天，我们将索还我们的钱。我们将拥有并拍卖尚未清偿的财产。我们会以我们自己定的价格得到密西比河以西三分之二的农田和以东的成千上万的土地农民将（失去土地）变成受雇用，就像英国那样。"

剪羊毛是银行家圈子里的一个专用术语，意思是利用经济繁荣和衰退的过程所创造出的机会，以正常价格的几分之一拥有他人的财产。当银行家控制了美国的货币发行大权，经济的繁荣和衰退变成了可以精确控制的过程，此时的剪羊毛行为对于银行家来说，就像从靠打猎为生的游牧阶段进化到了科学饲养的稳产高产阶段。

在战争中，工人得到了高工资，农民的粮食在战争中卖到了很高的价钱，劳工阶层的经济状况有了很大提高。当战争结束时，由于生活和消费节俭，农民手中握

---

① 节选自宋鸿兵.货币战争[M].北京：中信出版社，2014：46.

有大量现金,而这笔巨额财富却不在华尔街银行家的控制之下。原来,中西部的农民普遍把钱存在保守的当地银行,这些中小银行家对纽约的国际银行家普遍持抵触和对抗态度,既不参加美联储银行系统,也不支持对欧洲战争贷款。华尔街的大佬们早就想找机会好好修理一下这些乡巴佬,再加上农民这群"肥羊"又膘肥体壮,早已看着眼热的华尔街银行家们准备动手剪羊毛了。

华尔街银行家们首先采用了"欲擒故纵"的计策,建立了一个被称为"联邦农业贷款委员会"(Federal Farm Loan Board)的机构专门"鼓励"农民把他们的血汗钱投资于购买新的土地,该组织负责提供长期贷款,农民当然是求之不得。于是大量农民在该组织的协调下向国际银行家们申请了长期贷款,并缴纳了高比例的首付款。

农民们可能永远也不会知道他们掉进了一个精心设计的陷阱。

在1920年的4、5、6、7四个月内,工业和商业贸易领域获得了大额度的信用增加以帮助他们渡过即将到来的信贷紧缩。只有农民的信用申请被全部拒绝。这是一次华尔街精心设计的金融定向爆破!旨在掠夺农民的财富和摧毁农业地区拒绝服从美联储的中小银行。

参议院银行与货币委员会主席欧文(联署1913年美联储法案)在1939年的参议院白银听证会上说:"在1920年年初,农民们是非常富裕的。他们加速偿还着按揭,大量贷款购置新土地。1920年下半年,突如其来的信用和货币紧缩使他们大批破产。1920年所发生的一切(农民破产)与应该发生的完全相反。"

思考题

1. 十八届三中全会提出:"经济体制改革是全面深化改革的重点,核心问题是处理好政府和市场的关系。"谈谈你对这句话的理解。

2. 结合案例海尔、微宏动力案例与名篇阅读书目一,谈谈为什么说"一带一路战略"是伟大中国梦的延伸。

3. 结合名篇阅读书目二和书目三,谈谈经济全球化背景下,如何缩小贫富差距。

4. 结合案例1和名篇阅读书目四,谈谈"一带一路"战略实施过程中如何防范经济金融风险。

5. 如何把握经济新常态下我国经济结构优化调整的方向?

第三讲 中国特色社会主义政治建设

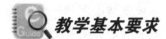 **教学基本要求**

1. 了解中国特色社会主义政治理论。
2. 把握中国特色社会主义政治发展道路及其特点。
3. 明确中国特色社会主义法治道路的核心要义。
4. 认识中国政治体制改革的主要任务和总体要求。

一、中国特色社会主义政治理论

中国共产党把马克思主义政治观运用于中国特色社会主义政治实践,形成了中国特色社会主义政治理论。主要包括以下方面:关于国家政权性质的理论、关于政治发展道路的理论、关于人民民主的理论、关于社会主义法治的理论、关于政治体制改革的理论、关于新时期爱国统一战线的理论、关于尊重和保障人权的理论,以及关于军队和国防建设的理论。

其中,关于新时期爱国统一战线的理论:统一战线是凝聚各方面力量,促进政党关系、民族关系、宗教关系、阶层关系、海内外同胞关系的和谐,夺取中国特色社会主义新胜利的重要法宝。做好新形势下统战工作,必须正确处理一致性和多样性的关系,不断巩固共同思想政治基础,同时要充分发扬民主、尊重包容差异,尽可能通过耐心细致的工作找到最大公约数。关于尊重和保障人权的理论:尊重和保障人权是发展社会主义民主政治、建设社会主义民主政治的内在要求。实现人权的根本途径是经济发展和社会进步。中国始终高度重视人权问题。关于军队和国防建设的理论:建设与我国国际地位相称、与国家安全和发展利益相适应的巩固国防和强大军队,是我国现代化建设的战略任务。建设一支听党指挥、能打胜仗、作

风优良的人民军队,是党在新形势下的强军目标。

二、政治发展道路的理论

1. 始终高举人民民主的旗帜

实现和发展人民民主是中国特色社会主义政治发展的根本目标;人民民主是最广泛的民主;人民民主是民主和专政相统一的民主;人民民主是以民主集中制为根本组织原则和活动方式的民主;人民民主是全面民主。

2. 坚持党的领导、人民当家作主、依法治国的有机统一

发展中国特色社会主义民主政治,关键是要坚定不移地坚持中国共产党的领导、人民当家作主和依法治国的有机统一。中国共产党的领导是实现社会主义民主的根本保证;人民当家作主是社会主义民主政治的本质和核心;依法治国是社会主义民主的有效途径和可靠保证。

3. 坚持完善中国特色社会主义政治制度

坚持和完善中国特色社会主义政治制度,是走中国特色社会主义政治发展道路,发展社会主义民主政治的基本路径。人民民主专政是中国的国体;人民代表大会制度是中国的根本政治制度,是支撑中国国家治理体系和治理能力现代化的根本政治制度,是人民当家作主的政权组织形式;中国共产党领导的多党合作和政治协商制度是中国特色社会主义政党制度,是中国的一项基本政治制度;民族区域自治制度是中国的一项基本政治制度,是指在国家的统一领导下,以少数民族聚居区为基础,建立相应的民族自治地方,设立民族自治机关,行使宪法和法律规定的自主权的制度;基层群众自治制度是中国的一项基本政治制度,是依照宪法和法律的规定,由居民(村民)选举的成员组成居民(村民)委员会,实行自我管理、自我教育、自我服务、自我监督的制度。

三、坚持和发展人民民主

1. 人民民主的理论

"民主"(democracy)一词由古希腊语 demokratia 演变而来,而 demokratia 则是 demos(人民)与 kratos(统治)两词的组合。因此,所谓民主,从字面意义上理解就是"人民的统治"。但在古希腊,"人民的统治"并不是指少数精英,而是指向自身。发展社会主义民主,必须从我国国情出发,充分考虑我国的社会历史背景、经济发展状况、文化发展水平等重要因素,通过健全民主制度,丰富民主形式,拓宽民主渠道,保障人民的知情权、参与权、表达权、监督权,以党内民主带动人民民主。

2. 健全社会主义协商民主制度

社会主义协商民主是中国社会主义民主政治的特有形式和独特优势，是党的群众路线在政治领域的重要体现，是深化政治体制改革的重要内容。协商民主是在中国共产党领导下，人民内部各方面围绕改革发展稳定重大问题和涉及群众切身利益的实际问题，在决策之前和决策实施之中开展广泛协商，努力形成共识的重要民主形式。应积极开展政党协商、人大协商、政府协商、政协协商、人民团体协商、基层协商、社会组织协商。

四、全面依法治国

1. 中国特色社会主义法治道路和体系

党的十八届四中全会鲜明地提出，要"坚定不移走中国特色社会主义法治道路"。中国特色社会主义法治道路的核心要义是：坚持中国共产党的领导；坚持中国特色社会主义制度；贯彻中国特色社会主义法治理论。中国特色社会主义法律体系大体由在宪法统领下的宪法及宪法相关法、民法商法、行政法、经济法、社会法、刑法、诉讼与非诉讼程序法等七个部分构成，包括法律、行政法规、地方性法规三个层次。

2. 科学立法、严格执法、公正司法、全民守法

宪法是党和人民意志的集中体现，是通过科学民主程序形成的根本法。坚持依法治国首先要坚持依宪治国，坚持依法执政首先要坚持依宪执政。推进科学立法，关键是完善立法体制，深入推进科学立法、民主立法，抓住提高立法质量这个关键。推进严格执法，重点是解决执法不规范、不严格、不透明、不文明以及不作为、乱作为等突出问题。公平公正是法治的生命线，也是司法的灵魂。法律权威源自人民的内心拥护和真诚信仰。人民权益要靠法律保障，法律权威要靠人民拥护。

五、积极稳妥地推进政治体制改革

所谓政治体制改革，就是在社会主义政治总格局和权力结构形式不变的前提下，对政权组织、政治组织的相互关系及其运行机制的调整和完善。

1. 中国政治体制改革的重要性和必要性

只有积极稳妥地推进政治体制改革，才能增强党和国家的活力，发挥社会主义政治制度的特点和优势，才能更好地扩大人民民主，充分调动人民群众的积极性和创造性，才能切实维护国家统一、民族团结和社会稳定，促进经济发展和社会全面进步。

2. 中国政治体制改革的成就和主要任务

改革开放 30 多年来,中国的政治体制改革取得了重大成就:一是民主政治的制度化水平大大提高;二是社会主义法治更加完善;三是行政管理体制与机构改革成效明显;四是干部人事制度改革成果丰硕;五是人权得到更加全面、真实和充分的尊重和保障。

我国政治体制改革的主要任务是:支持和保证人民通过人民代表大会行使国家权力,健全社会主义协商民主制度,完善基层民主制度,深化行政体制改革,建立健全权力运行和监督体系,巩固和发展最广泛的爱国统一战线。

3. 不照搬西方政治制度

世界上没有完全相同的政治模式,没有也不可能有一种放之四海而皆准的政治发展道路。一个国家实行什么样的政治制度,走什么样的政治发展道路,必须与这个国家的国情和性质相适应。人类政治制度的发展有其规律性,西方政治制度是在一定社会发展阶段和特定历史条件下解决特定政治问题的产物,既不是人类政治制度发展的终点,也不构成其他国家政治制度发展变迁的唯一标杆。

理论探讨

核心观点:2012 年 11 月,党的十八大报告首次明确提出,要"健全社会主义协商民主制度","完善协商民主制度和工作机制,推进协商民主广泛、多层、制度化发展"。报告指出,要通过政协组织等渠道就经济社会发展重大问题和涉及群众切身利益的实际问题广泛协商,强调坚持和完善中国共产党领导的多党合作和政治协商制度,充分发挥人民政协作为协商民主重要渠道作用,推进政治协商、民主监督、参政议政制度建设。坚持中国特色社会主义政治发展道路,一个重要方面就是大力发展社会主义协商民主。十八大报告首次提出"社会主义协商民主是我国人民民主的重要形式"。把协商民主正式写进党代会报告,是十八大的重要历史贡献,也是重大理论创新,充分体现了我们党推进人民民主的坚定信心,对于发展中国特色社会主义民主政治具有重要指导作用,对于推动人类政治文明发展必将做出有益贡献。

2015 年 2 月,中共中央印发的《关于加强社会主义协商民主建设的意见》进一步指出,协商民主是在中国共产党领导下,人民内部各方面围绕改革发展稳定重大问题和涉及群众切身利益的实际问题,在决策之前和决策实施之中开展广泛协商,努力形成共识的重要民主形式。社会主义协商民主是中国共产党和中国人民的伟大创造,源自中国共产党领导人民进行革命、建设、改革的长期实践。当前,我国正处在全面建成小康社会的决定性阶段。面对改革开放进程中利益格局深刻调整的新形势,面对社会新旧矛盾相互交织的新变化,面对市场经济条件下思想观念多元多样的新情况,面对世界范围内不同政治发展道路竞争博弈的新挑战,加强协商民主建设,有利于扩大公民有序政治参与、更好实现人民当家作主的权利,有利于促进科学民主决策、推进国家治理体系和治理能力现代化,有利于化解矛盾冲突、促进社会和谐稳定,有利于保持党同人民群众的血肉联系、巩固和扩大党的执政基础,有利于发挥我国政治制度优越性,增强中国特色社会主义道路自信、理论自信、制度自信。继续重点加强政党协商、政府协商、政协协商,积极开展人大协商、人民团体协商、基层协商,逐步探索社会组织协商。

"健全社会主义协商民主制度",是对西方协商民主的回应,是对中国特色政党制度、中国特色社会主义政治制度的总结,彰显了中国特色社会主义的制度自信。

观点纷呈:

1. 西方协商民主理论的产生、内涵及发展阶段

1980年美国学者约瑟夫·M.毕塞特在《协商民主:共和政府中的多数原则》一文中,第一次在学术意义上将"协商"与"民主"联用,创造出"协商民主"(Deliberative Democracy)概念。中央编译局比较政治与经济研究中心研究员陈家刚博士在《协商民主研究在东西方的兴起与发展》一文中指出,毕塞特基于《联邦党人文集》、论述美国宪政结构的文章中,针对20世纪中期以来将美国宪法的性质归于"精英的""贵族的"文献的各种质疑和指责,毕塞特竭力为"美国宪法的民主特性"辩护。他认为,美国宪法既体现了多数原则,同时也是对多数的制衡,但这种制衡并不违反多数原则本身。

协商民主(Deliberative Democracy)指的"是自由平等的公民基于权利和理性,在一种由民主宪法规范的权力相互制约的政治共同体中,通过对话、讨论、辩论等形式,形成合法决策的民主形式。协商民主的理论渊源在于自由主义、共和主义和批判理论"[1]。协商民主概念主要有这样几种含义:第一,作为政府形式的协商民主。第二,作为决策形式的协商民主。第三,作为治理形式的协商民主。

斯蒂芬·艾斯特在英刊《政治研究评论》2010年第8期上发表《第三代协商民主》一文,认为"协商民主理论近期的发展很顺利,现已主导了有关民主的理论讨论,并开始在实践的民主讨论中被广泛涉及。这不仅表明协商民主已经发展成熟,经历了一种经验转向(empirical turn)"[2]。在斯蒂芬·艾斯特看来,第一代协商民主理论的代表人物是哈贝马斯和罗尔斯,他们争论着协商民主的规范正当性(Normative Justification);第二代协商民主理论的代表人物是詹姆斯·博曼

---

[1] 陈家刚.协商民主研究在东西方的兴起与发展[J].毛泽东邓小平理论研究,2008(7):71-80.
[2] [英]斯蒂芬·艾斯特.第三代协商民主[J].蒋林,李新星,译.国外理论动态,2011(3):38-42.

(James Bohman)、艾米·古特曼(Amy Gutmann)和丹尼斯·汤普森(Dennis Thompson),他们在考虑协商民主的制度化的时候,着重考虑社会的复杂性;第三代协商民主理论的代表人物是瓦尔特·巴伯(Walter Baber)和罗伯特·巴特莱特(Robert Bartlett)、艾温·欧佛林(Ian O'Flynn)和约翰·帕金森(John Parkinson),他们着力探讨实现协商民主制度化的微观途径和宏观途径之间的区别,以及协商民主实践。

2. 西方协商民主(Deliberative Democracy)理论为什么会在中国引起强烈"共鸣"?

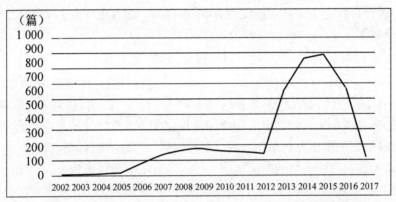

图 3.1　2002－2017 年 CNKI 上"协商民主"研究的论文数量走势①

2001年,中央编译局的陈家刚博士将 Deliberative Democracy 翻译为"协商民主"②;2003年,国内出现相应的研究成果;2006年,研究逐渐升温;2015年研究成果达到峰值。而实际上,中共党内将"协商民主"视作"我国社会主义民主形式"的提法始于1991年③。那为什么国内学术界没有在1991年而是在2006开始出现协商民主的研究热潮?为什么西方协商民主理论竟能引起中国知识分子如此强烈的

---

① 根据 CNKI 相关资料整理。

② 陈家刚博士认为:"要从语文和学术两个方面将 Deliberative Democracy 的真正意涵用简练的汉语完整并且准确地表达出来,目前还没有完全对应的汉语词汇。""'协商民主'在体现原文内涵以及现实关照等方面具有自身的优势。"参见陈家刚.协商民主研究在东西方的兴起与发展[J].毛泽东邓小平理论研究,2008(7):71－80.

③ 1991年,江泽民在七届全国人大四次会议、全国政协四届四次会议党员负责人会上指出:"人民通过选举、投票行使权利和人民内部各方面在选举和投票之前进行充分协商,尽可能就共同性问题取得一致意见,是我国社会主义民主的两种重要形式。"参见江泽民.论有中国特色社会主义(专题摘编)[M].北京:中央文献出版社,2002:347.

兴趣？有学者认为，"在西方民主话语霸权时代，中国的民主政治发展道路是面临着很大压力和矛盾的。所以人们既渴望走出一条自己特色的社会主义民主政治道路以摆脱西方民主化的控制，同时希望这条'中国特色的社会主义民主政治道路'在理论上和现实中都能够得到西方主流民主理论的认可和接受。因此，一边探索自己独特的民主政治发展道路又一边挖掘论证它与西方传统和成熟的民主理论的可能关联，便成为许多中国学者在研究中国民主问题时候的焦虑和内心期盼。""人们引用协商民主论者的话语'民主的本质是协商而非投票'来为中国特色的民主寻找一般性与普适性理论的支持，来论证不以竞选为主要形式的中国特色民主道路的超前和优越。"[①]中国民主政治中的协商意识和协商元素和西方"协商民主"所要求和追求的一些理念和原则在精神上有相似之处，这一点也正是中国学者愿意把"Deliberative Democracy"翻译成协商民主，以及翻译成协商民主能够在中国引起广泛反响和某种心领神会的共鸣的重要原因。澳大利亚学者何包钢认为，当代协商实践继承和发展了儒式协商的道德规范以及中华帝国自古以来的协商制度。仅仅透过西方协商民主理论的理论透镜来理解这一实践的努力是会误读实际展开的协商实践的[②]。

3. 西方协商民主(Deliberative Democracy)与中国政治协商(Political Consultation)的政治传统和文化差异

西方协商民主的文化基础，一是自由主义，政治自由主义主张个人为社会和法律的基础，社会和制度的存在便是为了推进个人的目标，而不会偏袒拥有较高社会地位者。二是共和主义，认为自由的国家是个人自由得以再现的公共空间，政治共同体是公共利益的服务机构，而不是个人和利益集团追逐私利互相较量的平台。具有政治含义的协商可以追溯到古希腊时期。

中国的协商政治正如习近平总书记指出的："它源自中华民族长期形成的天下为公、兼容并蓄、求同存异等优秀政治文化，源自近代以后中国政治发展的现实进程，源自中国共产党领导人民进行革命、建设、改革的长期实践，源自新中国成立后各党派、各团体、各民族、各阶层、各界人士在政治制度上共同实现的伟大创造，源自改革开放以来中国在政治体制上的不断创新，具有深厚的文化基础、理论基础、实践基础、制度基础。"中国古代先秦时期的协商与政、朝会和集议制度、顾问和幕僚制度、谏官制度和封驳制度都是协商在中国古代国家治理中的重要表现形式。新民主主义革命时期，国共第一次、第二次合作，抗日民族统一战线的建立，在陕甘

---

① 金安平，姚传明."协商民主"：在中国的误读、偶合以及创造性转换的可能[J]. 新视野，2007(5)：63-67.
② [澳]何包钢.儒式协商：中国威权性协商的源与流[J]. 政治思想史，2013(4)：1-21.

宁边区建立的"三三制"政权是一种民主施政、政治协商的政权形式。1949年9月召开的中国人民政治协商会议第一次全体会议,通过了具有临时宪法意义的《中国人民政治协商会议共同纲领》,协商建国的实现,标志着中国共产党领导的多党合作和政治协商制度的正式确立;是中国共产党对传统政治的继承和发展,以及对高度共识原则的重视。

4. 协商民主在政治实践中的意义

尽管协商民主理论从产生起就面临着各种不同形式的批评,指责协商民主具有精英主义的倾向、理想色彩和乌托邦色彩、实践操作有难度、存在无效的可能等等问题。但是由于协商民主超越了多元冲突与权力专断,在现实政治实践中具有重要的意义:(1) 改善立法和决策质量。克里斯蒂亚诺指出:"我们应该将公共协商主要看作是具有工具方面的价值。它是做出高质量决策的工具。如果公共协商不是服务于这个目标,那它就没有价值。"[1](2) 培养公民精神,促进政治共同体的形成。协商民主能够培养公民相互理解、相互尊重,尊重他人的利益,学会运用妥协,减少零和博弈,实现双赢。(3) 限制行政权力的膨胀。在利益高度分化的社会中,通过广泛的公民参与,把公开性、平等和包容性最大化,防范由权力和金钱左右政策。

5. 协商民主在中国的实践

澳大利亚学者何包钢认为,目前学界存在两种不同的研究协商民主的路径:其一是将协商政治等同为协商民主架构。当在中国发现协商的鲜明特征时,它被命名为协商民主。另一个常见的路径主要是从威权主义的视角来审视中国。它认为,在威权主义之下,没有协商可言,即便就最好的情况而言,也只有微乎其微的协商;唯有在选举民主确立之后,协商民主才会发展起来。这一路径存在着严重的认知缺陷。它关闭了发展新种类知识的大门,忽略了把威权主义与协商独特地结合起来的可能性。何包钢尝试着分析儒式协商的源与流,从威权性协商的历史和问题的角度,解释中国当代协商实践的繁荣以及中国共产党领导的协商实验和协商制度。这一路径对西方的协商进行了独特的概念性修正,并注重协商的本土根源。[2]

---

[1] [美]詹姆斯·博曼,威廉·雷吉编.协商民主:论理性与政治[M].陈家刚,等,译.北京:中央编译出版社,2006:194.

[2] [澳]何包钢.儒式协商:中国威权性协商的源与流[J].黄徐强,译.政治思想史,2013(4):1-21.

第三讲 中国特色社会主义政治建设

中国共产党在领导中国人民进行革命、建设、改革的长期实践中,形成了中国特色的协商民主之路。1940年3月,"三三制"政权的建立,构建了新民主主义革命时期协商民主制度平台和运行机制。目前中国的协商民主实践表现为民情恳谈会、民主恳谈会、民主理财会、民情直通车、便民服务窗、居民论坛、乡村论坛和民主听(议)证会,以及网络问政的多种形式,为协商民主提供了不同的样本,了解这些有利于我们把握丰富多彩和错综复杂的协商世界。

1."三三制"政权

1940年3月,抗日根据地各级民主政权根据中共中央关于《抗日根据地政权问题》的指示,贯彻执行"三三制"原则。即共产党员占三分之一,代表无产阶级和贫农;非党的左派进步分子占三分之一,代表小资产阶级;不左不右的中间派占三分之一,代表中等资产阶级和开明绅士。

"三三制"政权建设取得最突出的效果,就是使边区各级政权具有了广泛的代表性,有力地调动了社会各界团结抗战的积极性。一些跑到敌占区的地主开始回乡,乡绅富商也有了在根据地投资经营的积极性。华中根据地实行"三三制"以后,原地方精英与新四军和抗日政权出现了少见的融洽气氛,特别是一些被选进或者聘任为参议员和区代表的乡绅,表现出空前的抗日热情。乡绅的积极性调动起来以后,减租减息的阻力也相应地减小了。另外,"三三制"也使边区政权决策的民主性、科学性大大加强,提高了边区各级政权机关的工作效率。

点评:

> "三三制"政权的建设,在实践中创造了遇事协商的民主形式,探索了协商民主的有效途径,形成了新民主主义政治文明的边区模式。
>
> (1)"三三制"政权的建立,提供了协商民主的载体。协商民主是基于社会多元主体之间的共生共存所构建的民主,是一种不同利益主体之间的协作、商议关系,抗战时期形成的抗日民族统一战线为协商民主展开提供了政治土壤和社会生态。
>
> (2)"三三制"政权的运作,探索了协商民主的内容和方式。"三三制"政权对协商民主实践的宝贵探索,奠定了中国特色协商民主的原则、目标,协商的方法和途径。一是各民主党派相互平等,且坚持中国共产党的领导,这是"三三制"政权中的首要原则。二是坚持民主集中制基础上的协商一致,既能"坚持共产党的领导"又能够体现"诚实以待,相互信任"。三是探索协商民主

的方法和形式,推进制度化发展。协商民主的实施需要恰当的民主形式,在协商的形式上,逐步形成会内与会外相结合的运行模式。会议是协商民主的基本载体,也是民主制的具体操作和实施平台。同时,开展经常性参政议政活动,将协商民主运用于根据地建设的各项工作之中。

(3)"三三制"政权的成功实践,为协商民主理论的完善做出了贡献。"三三制"的实行及协商民主的实践,凝聚了各阶级、阶层以及各民族的力量和智慧,巩固和促进了抗日根据地的发展,为抗日战争的胜利奠定了坚实的基础,并为中共在全国范围内推进协商民主积累了宝贵的经验。一是通过协商民主,有效地协调了各方利益,体现了民主政治的包容性、多样性特点。二是促进人民群众民主意识的觉醒,对民主政权的完善,提高政府工作效率起到了积极作用。三是探索了中共领导方式的创新,在强化其对政权领导责任的同时,在抗日根据地不仅发展了民主理论,而且进行了民主的实验,增强了共产党人在民主政权中执政本领,提高了领导艺术。①

2. 浙江温岭的民主恳谈会

温岭模式,又称参与式财政,2000年,温岭市地方政府决定将在温岭发生的公共协商实践统一称之为民主恳谈会,即以民主恳谈为核心的中国基层协商民主实践。

1999年,为落实中央提出的"沿海地区要加快农村现代化"的总体要求,中共浙江省委决定"在全省进行一次农业农村现代化教育"。温岭市委宣传部与松门镇党委在松门创设了民主恳谈的最初形式——"农业农村现代化教育论坛"。1999年6月25日,松门镇党委政府召开了主题为"推进村镇建设,改善镇容村貌"的第一期"农业农村现代化教育论坛"。200多名自发赶来的群众与镇领导进行了平等对话。内容涉及镇村规划,邻里纠纷等生活琐事。镇领导现场对群众提出的问题给予了回复。一些问题当场予以解决,当场不能解决的则给出了具体的解决时间和措施。像这样的活动,松门镇在1999年举办了四期,参与群众达600余人,提出问题110余件,答复84件,承诺交办26件。此后,温岭市委总结了松门的做法,要求全市推广松门的经验,将恳谈的范围由镇、村两级向企业、社区、事业单位、政府部门延伸。紧接着,在2000年下半年,将各地开展的"民情恳谈""农民讲台"等活动形式统一命名为"民主恳谈"。

---

① 参见孙信.抗日根据地的"三三制"政权与协商民主——纪念抗日战争胜利70周年[J].上海市社会主义学院学报,2015(4):7-11

第三讲　中国特色社会主义政治建设

2000年之后,民主恳谈成为温岭人参与公共事务的重要途径,并最终形成了相对健全的制度体系。2001年下半年,牧屿镇政府召开"牧屿山公园建设民主恳谈会"。在政府负责人与武汉市城市建设规划设计院的专家介绍了公园建设的初步方案后,100多位自愿参与者对方案展开了激烈的讨论,提出了35条意见和建议,内容涉及公园的建筑设计风格,景点的设计、命名、布局,公园周边地区污染的治理等。经过专家的研究,其中17条被采纳,原来的方案也进行了较大的修改。

温岭市委还积极探索了具体的协商程序。在《中共温岭市委关于进一步深化民主恳谈,推进基层民主政治建设的意见》中规定,民主恳谈一般由乡镇党委主持,邀请当届人大代表、相关利益群体参加,允许其他群众自愿参加。恳谈会上,政府提出初步意见、方案,在认真听取群众意见和要求后,党委、政府再集体研究作出初步决定,并向群众反馈,并再次征求群众意见。对于多数群众反对的或不同意见较多的事项,则重新论证或暂缓决策,在各方面的条件都具备以后,再决策。决策的实施过程和结果由镇人大主席团监督。

在推进民主恳谈与现有的制度协调从而融入体制的探索中,2005年4月"泽国试验"的影响最大。2005年4月,泽国镇政府首先聘请了12位专家对事关民生问题的一些城建项目的可行性方案做客观、中立的分析,同时提出各个项目的资金预算,并设计出预算项目的民意调查问卷。接下来采用乒乓球摇号的抽样方式——按照2 000人以上的村每村4人,1 500～2 000人的村每村3人,1 000～1 500人的村每村2人,1 000人以下的村每村1人的原则,确定了民意代表的产生方式。全镇每户都分得了一个号码,写有哪个号码的乒乓球被抽中,谁家就派出一位代表参与恳谈会。结果,当年从全镇12万人口中随机产生了275名民意代表。民意代表产生后,第一次问卷调查在民意代表中进行。实际有259名民意代表自愿参加了4月9日的民主恳谈会。上午,民意代表以随机抽样的方式被分成16个组开展讨论,在仔细阅读由专家组提供的中立和公正的项目文件的基础上,民意代表围绕着每个推荐项目的优缺点发表了自己的看法。小组讨论由中立的主持人主持,讨论结束后,民意代表再参加大会发言。下午,民意代表在听取各组不同的意见后再分组讨论,尔后再由第二次大会讨论。在两次大会中,专家对民意代表的询问作了回答和解释,政府官员列席会议旁听。在第二次大会交流结束后,民意代表又填写了与第一次问卷相同的问卷。会后,对两次问卷的数据进行计算机处理,得到每个项目的得分情况和排序。与此同时,政府官员召开办公会议,讨论民意代表的意见和建议,将第二次问卷中的12个项目拟定为2005年城建基本项目,将其后总投资约为2 000多万元的另10个项目作为备选项目,根据财力情况,按顺序逐次选择建设。随后,政府在4月30日的镇十四届人大五次会议上做出"关于泽国镇

2005年城镇基础设施建设项目的报告"。会上,84位人大代表支持,7位代表反对,1位代表弃权,最终通过了2005年城镇基本设施建设项目的预算安排。

新河协商民主实践推进的主要表现是在预算修正议案提交大会表决前设置了一个辩论程序。设置辩论程序的主要初衷就是使不同利益主体的意见和取向发生深度交锋,从而为代表和政府的决策提供更为明确的判断,使表决的结果更为理性和真实。根据辩论程序的安排,先由提出预算修正议案的领衔代表陈述理由,然后让所有代表就此议案展开辩论,待各种意见充分表达以后再将议案付诸表决。辩论遵守着四个准则:第一,辩论采取大会形式,由大会主席主持。第二,领衔代表提出议案的理由、论据和方案,其他代表可以提出疑问或异议,由报告人做出回应。第三,对报告人的回应有新异议,任一代表可以继续发言,否则该轮辩论宣告结束。第四,议案报告的时间限制在10分钟内,异议和回应的时间不能超过5分钟。2008年,经过辩论程序的预算修正议案有2件,一件要求将老城区街道改造资金由150万元增加到250万元,另一件要求将另一道路的改造资金由100万元增加到150万元。由于辩论时,反对意见占据上风,结果两件预算修正议案均宣告被否决。这是新河镇人大会上第一次遭遇否决的表决结果。

乡镇的预算试验发展以后,推动了市政府部门实践的渐次推进。2009年,温岭市部门预算民主恳谈扩展到交通局、水利局、建设规划局、科技局及人口和计生局。同年,温岭市人大首次举行网上恳谈活动,网上恳谈重点围绕人代会即将开展的"重点建设项目""农民建房""食品安全""社会治安"和科技、城建、计生三个部门预算等7个专题审议以及人大工作,广泛听取网民朋友的建议意见。原定2个小时的网上恳谈,由于网民朋友参与热情高涨,持续了3个多小时。温岭市2009年十四届人大三次会议同时分别举行了建设规划局、科技局、人口和计生局围绕"农民建房""重点建设项目"、反"两抢一盗"促社会稳定工作、"食品安全工作"四大专题而组织的共计七场预算恳谈。人大代表首先听取了市财政局和建设规划局、科技局、人口和计生局以及"农民建房""重点建设项目"、反"两抢一盗"促社会稳定工作、"食品安全工作"涉及部门所作的2008年预算执行情况和2009年预算情况汇报后,然后进入审议环节。

至此,"温岭经验"逐渐走向"温岭模式",日益为人知晓和赞同,成为中国地方协商民主实践的成功案例。①

---

① 参见陈朋.民主恳谈:生长在中国改革土壤中的协商民主实践——基于浙江温岭民主实践的案例分析[J].中国软科学,2009(10):1-12.

点评:

> 随着中国改革带来的利益分化和社会分层,既有的基层治理模式与现代村民的权利意识发生冲突,加深了基层政府与村民之间的信任危机和乡村治理难度。在建构乡村协商民主过程中,国家与社会、基层政府与村民的博弈正在重新考量,赋予村民对公共事务的知情权、参与权、监督权、表达权和决策权是乡村协商民主的核心问题。"如果政治体系无法给个人或团体的政治参与提供渠道",他们的"政治行为就可能冲破社会秩序,给社会带来不稳定"(亨廷顿,1989)。中国的协商制度综合了物质和规范两方面考虑,是官方意识形态和民主的一种混合产物;这些制度可以溯源到毛泽东的群众路线,被视为是政治动员的一种复兴形式,也可以被视作是维持地方秩序的稳定器,追求政治业绩是地方领导推进协商民主实践的重要动机;虽然常带有感情宣泄的特点,但是正如浙江温岭模式探索了一条可供借鉴的乡村治理中的协商民主之路。①

新民主主义的宪政②(节选)

今天延安各界人民的代表人物在这里开宪政促进会的成立大会,大家关心宪政,这是很有意义的。我们的这个会为了什么呢? 是为了发扬民意,战胜日本,建立新中国。

抗日,大家赞成,这件事已经做了,问题只在于坚持。但是,还有一件事,叫做民主,这件事现在还没有做。这两件事,是目前中国的头等大事。中国缺少的东西固然很多,但是主要的就是少了两件东西:一件是独立,一件是民主。这两件东西少了一件,中国的事情就办不好。一面少了两件,另一面却多了两件。多了两件什么东西呢? 一件是帝国主义的压迫,一件是封建主义的压迫。由于多了这两件东西,所以中国就变成了殖民地半殖民地半封建的国家。现在我们全国人民所要的东西,主要的是独立和民主,因此,我们要破坏帝国主义,要破坏封建主义。要坚决

---

① 参见[澳]何包钢.中国协商民主制度[J].浙江大学学报(人文社会科学版),2005(3):13-22.
② 节选自毛泽东.毛泽东选集(第2卷)[M].北京:人民出版社,1991:690-691.

地彻底地破坏这些东西,而决不能丝毫留情。有人说,只要建设,不要破坏。那末,请问:汪精卫要不要破坏?日本帝国主义要不要破坏?封建制度要不要破坏?不去破坏这些坏东西,你就休想建设。只有把这些东西破坏了,中国才有救,中国才能着手建设,否则不过是讲梦话而已。只有破坏旧的腐朽的东西,才能建设新的健全的东西。把独立和民主合起来,就是民主的抗日,或叫抗日的民主。没有民主,抗日是要失败的。没有民主,抗日就抗不下去。有了民主,则抗他十年八年,我们也一定会胜利。

宪政是什么呢?就是民主的政治。刚才吴老同志的话,我是赞成的。但是我们现在要的民主政治,是什么民主政治呢?是新民主主义的政治,是新民主主义的宪政。它不是旧的、过了时的、欧美式的、资产阶级专政的所谓民主政治;同时,也还不是苏联式的、无产阶级专政的民主政治。

那种旧式的民主,在外国行过,现在已经没落,变成反动的东西了。这种反动的东西,我们万万不能要。中国的顽固派所说的宪政,就是外国的旧式的资产阶级的民主政治。他们口里说要这种宪政,并不是真正要这种宪政,而是借此欺骗人民。他们实际上要的是法西斯主义的一党专政。中国的民族资产阶级则确实想要这种宪政,想要在中国实行资产阶级的专政,但是他们是要不来的。因为中国人民大家不要这种东西,中国人民不欢迎资产阶级一个阶级来专政。中国的事情是一定要由中国的大多数人做主,资产阶级一个阶级来包办政治,是断乎不许可的。社会主义的民主怎么样呢?这自然是很好的,全世界将来都要实行社会主义的民主。但是这种民主,在现在的中国,还行不通,因此我们也只得暂时不要它。到了将来,有了一定的条件之后,才能实行社会主义的民主。现在,我们中国需要的民主政治,既非旧式的民主,又还非社会主义的民主,而是合乎现在中国国情的新民主主义。目前准备实行的宪政,应该是新民主主义的宪政。

什么是新民主主义的宪政呢?就是几个革命阶级联合起来对于汉奸反动派的专政。从前有人说过一句话,说是"有饭大家吃"。我想这可以比喻新民主主义。既然有饭大家吃,就不能由一党一派一阶级来专政。讲得最好的是孙中山先生在《中国国民党第一次全国代表大会宣言》里的话。那个宣言说:"近世各国所谓民权制度,往往为资产阶级所专有,适成为压迫平民之工具。若国民党之民权主义,则为一般平民所共有,非少数人所得而私也。"同志们,我们研究宪政,各种书都要看,但尤其要看的,是这篇宣言,这篇宣言中的上述几句话,应该熟读而牢记之。"为一般平民所共有,非少数人所得而私",就是我们所说的新民主主义宪政的具体内容,就是几个革命阶级联合起来对于汉奸反动派的民主专政,就是今天我们所要的宪政。这样的宪政也就是抗日统一战线的宪政。

我们今天开的这个会,叫做宪政促进会。为什么要"促进"呢?如果大家都在进，就用不着促了。我们辛辛苦苦地来开会，是为了什么呢？就是因为有些人，他们不进，躺着不动，不肯进步。他们不但不进，而且要向后倒退。你叫他进，他就死也不肯进，这些人叫做顽固分子。顽固到没有办法，所以我们就要开大会，"促"他一番。这个"促"字是哪里来的呢？是谁发明的呢？这不是我们发明的，是一个伟大人物发明的，就是那位讲"余致力国民革命凡四十年"的老先生发明的，是孙中山先生发明的。你们看，在他的那个遗嘱上面，不是写着"最近主张开国民会议……尤须于最短期间促其实现，是所至嘱"吗？同志们，这个"嘱"不是普通的"嘱"，而是"至嘱"。"至嘱"者，非常之嘱也，岂容随随便便，置之不顾！说的是"最短期间"，一不是最长，二不是较长，三也不是普通的短，而是"最短"。要使国民会议在最短期间实现，就要"促"。孙先生死了十五年了，他主张的国民会议至今没有开。天天闹训政，把时间糊里糊涂地闹掉了，把一个最短期间，变成了最长期间，还口口声声假托孙先生。孙先生在天之灵，真不知怎样责备这些不肖子孙呢！现在的事情很明白，不促是一定不会进的，很多的人在倒退，很多的人还不觉悟，所以要"促"。

因为不进，就要促。因为讲得慢，就要促。于是乎我们就大开促进会。青年宪政促进会呀，妇女宪政促进会呀，工人宪政促进会呀，各学校各机关各部队的宪政促进会呀，蓬蓬勃勃，办得很好。今天我们再开一个总促进会，群起而促之，为的是要使宪政快些实行，为的是要快些实行孙先生的遗教。

有人说，他们在各地，你们在延安，你们要促，他们不听，有什么作用呢？有作用的。因为事情在发展，他们不得不听。我们多开会，多写文章，多做演说，多打电报，人家不听也不行。我以为我们延安的许多促进会，有两个意义。一是研究，二是推动。为什么要研究呢？他们不进，你就促他，他若问你：为什么促我呀？这样，我们就得答复问题。为了答复问题，就得好好研究一下宪政的道理。刚才吴老同志讲了许多，这些就是道理。各学校，各机关，各部队，各界人民，都要研究当前的宪政问题。

我们有了研究，就好推动大家。推动就是"促进"，向各方面都推他一下，各方面就会逐渐地动起来。然后汇合很多小流，成一条大河，把一切腐朽黑暗的东西都冲洗干净，新民主主义的宪政就出来了。这种推动作用，将是很大的。延安的举动，不能不影响全国。

……

论雅典之所以伟大——在阵亡将士葬礼上的演说[①]（节选）

过去许多在此地说过话的人，总是赞美我们在葬礼将完时发表演说的这种制

[①] 节选自伯里克利.论雅典之所以伟大——在阵亡将士葬礼上的演说(中英文).[EB/OL].豆丁. http://www.docin.com/p-830568552.html.

度。在他们看来,对于阵亡将士发表演说似乎是对阵亡战士一种光荣的表示。这一点,我不同意。我认为,这些在行动中表现自己勇敢的人,他们的行动就充分宣布了他们的光荣了,正如你们刚才从这次国葬典礼中所看见的一样。我们相信,这许多人的勇敢和英雄气概毫不因为一个人对他们说好或说歹而有所变更。

首先我要说到我们的祖先们。因为在这样的典礼上,回忆他们的作为,以表示对他们的敬意,这是适当的。在我们这块土地上,同一个民族的人世世代代住在这里,直到现在;因为他们的勇敢和美德,他们把这块土地当作一个自由国家传给了我们。他们无疑是值得我们歌颂的。尤其是我们的父辈,更加值得我们歌颂,因为除了他们所继承的土地之外,他们还扩展了国家的领土;他们把这个国家传给我们这一代,不是没有经过流血和辛勤劳动的。今天我们在这里集合的人,绝大多数正当盛年,我们已经在各方面扩充了我们国家的势力,我们无论在平时或战时,都完全能够照顾自己。

……

我要说,我们的政治制度不是从我们邻人的制度中模仿得来的。我们的制度是别人的模范,而不是我们模仿任何其他人。我们的制度之所以被称为民主政治,是因为政权在全体公民手中,而不是在少数人手中。解决私人争执的时候,每个人在法律上都是平等的;让一个人担任公职优先于他人的时候,所考虑的不是某一个特殊阶级的成员,而是他具有真正的才能。任何人,只要他能够对国家有所贡献,就绝对不会因为贫穷而在政治上湮没无闻。正因为我们的政治生活是自由而公开的,我们彼此间的日常生活也是这样。当我们隔壁邻人为所欲为的时候我们不至于因此而生气;我们也不会因此而给他以难看的颜色以伤他的情感,尽管这种颜色对他没有实际的损害。在我们私人生活中,我们是自由而宽容的;但是在公家的事务中,我们遵守法律。这是因为这种法律使我们心悦诚服。

……

政治制度须自根自生①

再则我认为政治制度,必然自根自生。纵使有些可以从国外移来,也必然先与其本国传统,有一番媾通,才能真实发生相当的作用。否则无生命的政治,无配合的制度,决然无法长成。

……

中国魏晋以下门第社会之起因,最主要的自然要追溯到汉代之察举制度。但就汉代察举制度之原始用意言,实在不好算是一种坏制度。但日子久了,那制度就

---

① 节选自钱穆.中国历代政治得失[M].北京:九州出版社,2012:1,38,46.题目为编者拟.

变坏了。这不止是汉代选举制度如是;我们可以说,古今中外一切制度,都必如是。否则一项好制度,若能永远好下去,便将使政治窒息的,再不需要后代人来努力政治了。惟其一切制度都不会永久好下去了,才使我们在政治上要继续努力,永久改进。制度也只是历史事项中之一目,人类整部历史便没有百年不变的,那能有一项制度经过一两百年还算是好制度呢?

……

根据这一点看,中国过去的政治,不能说皇权、相权绝不分别,一切全由皇帝专制。我们纵要说它是专制,也不能不认为还是一种比较合理的开明的专制。它也自有制度,自有法律,并不全由皇帝一人的意志来决定一切的。我们现在应该注意在它的一切较详密的制度上,却不必专在"专制"与"民主"字眼上来争执。

……

如何消除党争[①]

我理解,党争就是一些公民,不论是全体公民中的多数或少数,团结在一起,被某种共同情感或利益所驱使,反对其他公民的权利,或者反对社会的永久的和集体的利益。

消除党争危害有两种方法:一是消除其原因,另一种是控制其影响。

消除党争原因还有两种方法:一种是消除其存在所必不可少的自由;另一种是给予每个公民同样的主张、同样的热情和同样的利益。

关于第一种纠正方法,再没有什么比这样一种说法更确切了:它比这种弊病本身更坏。

……

第二种办法是做不到的,如同第一种办法是愚蠢的一样。

……

党争的潜在原因,就这样深植于人性之中;我们看到这些原因到处根据人类社会的不同情况造成不同程度的行动。热心于有关宗教和政体的不同意见,以及其他许多理论和实践上的见解,依附于各种野心勃勃、争权夺利的领袖或依附于其财产使人们感觉兴趣的人,相继把人们分为各种党派,煽动他们彼此仇恨,使他们更有意于触怒和压迫对方,而无意为公益而合作。人类互相仇恨的倾向是如此强烈,以致在没有充分机会表现出来时,最琐碎、最怪诞的差别就足以激起他们不友善的情感和最强烈的冲突。但是造成党争的最普遍而持久的原因,是财产分配的不同

---

① 节选自[美]汉密尔顿,杰伊,麦迪逊.联邦党人文集[M].程逢如,在汉,舒逊,译.北京:商务印书馆,1980:52-59.题目为编者拟.

和不平等。

……

我们的结论是,党争的原因不能排除,只有用控制其结果的方法才能求得解决。

如果党争所包括的人不是多数,可用共和政体的原则来求得解决,这就是使多数人用正规投票的方法来击败其阴险的企图。党争能妨碍行政管理,能震撼社会,但不能在宪法的形式下进行,并掩饰其激烈的情况。另一方面,当党争包括大多数人在内时,民众政府的机构能使他们把公益和其他公民的权利当作占统治地位的情感或利益而作出牺牲。因此,我们所要探究的重大题目就是,保护公益和私人权利免遭这种党争的威胁,同时保持民众政府的精神和形式。让我补充说,这是使这种形式的政府摆脱长期受到耻辱最为迫切需要的东西,从而能使这种政府为人们尊重和采用。

……

全力推进法治中国建设①

法律是治国之重器,法治是国家治理体系和治理能力的重要依托。要推动我国经济社会持续健康发展,不断开拓中国特色社会主义事业更加广阔的发展前景,必须全面推进社会主义法治国家建设。

全面依法治国,是深刻总结我国社会主义法治建设成功经验和深刻教训做出的重大抉择。新中国成立初期,我们党在废除旧法统的同时,积极运用新民主主义革命时期根据地法制建设的成功经验,抓紧建设社会主义法治,初步奠定了社会主义法治的基础。后来,社会主义法治建设走过一段弯路,付出了沉重的代价。党的十一届三中全会以来,我们党把依法治国确定为党领导人民治理国家的基本方略,把依法执政确定为党治国理政的基本方式,始终把法治放在党和国家工作大局中来考虑、来谋划、来推进,依法治国取得重大成就。经验和教训使我们党深刻认识到,法治是治国理政不可或缺的重要手段。在我们这样一个大国,要实现经济发展、政治清明、文化昌盛、社会公正、生态良好,必须秉持法律这个准绳、用好法治这个方式。

全面依法治国,是全面建成小康社会、加快推进社会主义现代化的重要保证。当前,我国改革开放稳定形势总体是好的,但发展中不平衡、不协调、不可持续问题依然突出,人民内部矛盾和其他社会矛盾凸显,党风政风也存在一些不容忽视的问题,其中大量矛盾和问题与有法不依、执法不严、违法不究相关。人民群众对法治

---

① 节选自习近平.习近平总书记系列讲话读本[M].北京:人民出版社,2016:88-90.

的要求越来越高,依法治国在党和国家工作全局中的地位更加突出、作用更加重大。要妥善解决经济社会发展中一系列突出矛盾和问题,必须织密法律之网、强化法治之力。要把依法治国摆在突出位置,把党和国家工作纳入法制化轨道,坚持在法制化轨道上统筹社会力量、平衡社会利益、调节社会关系、规范社会行为,依靠法治解决各种社会矛盾和问题,确保我国社会在深刻变革中既生机勃勃又井然有序。

全面依法治国,是着眼于实现中华民族伟大复兴的中国梦、实现党和国家长治久安的长远考虑。从现实的情况看,只要国际国内不发生大的波折,经过努力,全年建成小康社会的目标可以如期实现。但"不谋万世者,不足谋一时",如何确保实现全面建成小康社会的目标?全面建成小康社会之后路该怎么走?如何跳出"历史周期率"、实现长期执政?如何实现党和国家的长治久安?这些都是需要深入思考的重大问题。世界上一些国家虽然一度实现快速发展,但并没有顺利迈进现代化门槛,而是落入这样或那样的"陷阱",很大程度上与法治不彰密切相关。小智治事,中智治人,大治立法。必须坚持法治国家、法治政府、法治社会一体建设,实现科学立法、严格执法、公正司法、全民守法,为党和国家事业发展提供根本性、全局性、长期性的制度保障。

1. 结合阅读第一篇推荐文章和第五篇推荐书目以及案例1("三三制"政权建设),谈谈中国梦的历史继承性,以及实现中国梦的政治要素。
2. 古希腊雅典政治家伯利克里的名言:"一个对政治毫无兴趣的男人,我们不说他是那种只扫自家门前雪,不管他人瓦上霜的人,而干脆把他当做废人"。请结合第二篇推荐文章谈谈古希腊民主政治。
3. 结合推荐的第三本书和第四本书,谈谈导致中西政治制度差异的原因。
4. 结合案例2(温岭民主恳谈会),谈谈中国协商民主与西方协商民主的异同,并谈谈中国协商民主在基层治理实践中的作用。
5. 试分析全面推进依法治国的可能性和现实性。

第四讲　中国特色社会主义文化建设

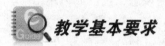

1. 了解中国特色社会主义文化理论、制度和发展道路的科学内涵及其相互关系。
2. 把握培育和践行社会主义核心价值观的重要意义和基本途径。
3. 认识传承和弘扬中华优秀传统文化的战略地位和根本任务。
4. 明确提高国家文化软实力的一样和着力点。

一、中国特色社会主义文化理论、制度和发展道路

文化是民族的血脉，是人民的精神家园。中国共产党既是中华优秀文化的忠实传承者和弘扬者，又是中国先进文化的积极倡导者和发展者，始终高度重视文化建设的重要作用，不断推动社会主义文化大发展与大繁荣。

1. 中国特色社会主义文化理论

中国特色社会主义文化是反映先进生产力发展规律及其成果的文化，是源于人民大众实践又为人民大众服务的文化，是继承人类优秀精神成果的文化，具有科学性、时代性和民族性。增强中国特色社会主义文化的吸引力和感召力，是中国共产党领导人民全面建设小康社会、开创中国特色社会主义事业新局面的必然要求。

2. 中国特色社会主义文化制度

中国特色社会主义文化制度，是指现阶段国家通过宪法和法律规范社会文化生活，调整以社会意识形态为核心的各种文化生活的基本原则和规则的总和。它既包括直接反映和体现中国特色社会主义基本经济制度、基本政治制度的基本文化制度,也包括建立在这些制度基础上的文化体制等各项具体制度,即基本文化制度在文化各领域的具体体现,一般包括机构设置、隶属关系、管理权限和工作规则等方面的体系、制度、方法、形式等。

中国特色社会主义文化制度涉及的内容十分广泛,主要包括坚持马克思主义在意识形态领域的指导地位、加强思想道德建设、繁荣发展教育事业和哲学社会科学事业、发展科学文化体育卫生事业、加强文化人才培养,以及文化产品创作生产、载体手段、传播流通、评价激励、规划管理、人员机构等方面的制度等。

3. 中国特色社会主义文化发展道路

中国特色社会主义文化发展道路,是中国特色社会主义道路在文化领域的具体运用和展开,是中国特色社会主义文化建设实践经验的集中体现,深入回答了文化建设中带有方向性、根本性、战略性的重大问题,指明了文化建设的前进方向和发展路径。

坚持中国特色社会主义文化发展道路,就要以马克思主义为指导,坚持社会主义先进文化前进方向,以科学发展为主题,以培育和践行社会主义核心价值观为根本任务,以满足人民精神文化需求为出发点和落脚点,以改革创新为动力,发展面向现代化、面向世界、面向未来的,民族的科学的大众的社会主义文化,培养高度的文化自觉和文化自信,提高全民族文明素质,增强国家文化软实力,弘扬中华文化,努力建设社会主义文化强国。

二、培育和践行社会主义核心价值观

社会主义核心价值观是社会主义核心价值观体系的高度凝练和集中表达,是社会主义核心价值体系的精神内核,充分体现了社会主义核心价值体系的根本性质、基本特征和实践要求。要从巩固全党全国各族人民团结奋斗的共同思想基础、巩固党的执政地位的战略高度,把培育和践行社会主义核心价值观作为凝魂聚气、强基固本的基础工程,作为一项根本任务,切实抓紧抓好。

1. 凝魂聚气、强基固本的基础工程

人类社会发展的历史表明,对一个民族、一个国家来说,最持久、最深层的力量是全社会共同认可的核心价值观。核心价值观,承载着一个民族、一个国家的精神追求,体现着一个社会评判是非曲直的价值标准。我国是一个有着13亿多人口、56个民族的大国,面对世界范围思想文化交流交锋形势下价值观较量的新态势,面对改革开放和发展社会主义市场经济条件下思想意识多元多样多变的新特点,确立反映全国各族人民共同认同的价值观"最大公约数",积极培育和践行社会主义核心价值观,对于巩固马克思主义在意识形态领域的知道地位、巩固全党全国人民团结奋斗的共同思想基础,对于协调推进"四个全面"战略布局、实现中华民族伟

大复兴的中国梦,具有重要现实意义和深远历史意义。

2. 使社会主义核心价值观内化于心、外化于行

使社会主义核心价值观内化于心、外化于行是培育和践行社会主义核心价值观的关键。要通过教育引导、舆论宣传、文化熏陶、实践养成、制度保障等,使社会主义核心价值观内化为人们的精神追求,外化为人们的自觉行动。

3. 用社会主义核心价值观引领社会思潮、凝聚社会共识

社会思潮是一定时期内反映一定阶层、群体的利益和要求,得到广泛传播、有较大影响的思想倾向、思想潮流,对社会价值观念、社会心理产生着不同程度的影响。当前,我国正处在社会变革、经济转型的加速期,各种社会力量竞相发出自己的声音,各种社会思潮此起彼伏、相互交织,正确的社会思潮与错误的社会思潮相互冲突,积极的社会思潮与消极的社会思潮相互激荡,既有占主导地位的正确思想,又有局于非主导地位的消极思想甚至是错误思想,构成了一元主导、多样共生的格局。社会思潮越是纷繁复杂,越需要主旋律,越需要用社会的核心价值观加以引领。社会主义核心价值观作为社会主义意识形态的本质体现,把党提倡的基本理论、思想观念和价值取向系统凝练地整合在一起,深刻揭示了当代中国社会共同思想道德基础的基本内涵与基本要求。面对多样化的社会思潮,应当而且必须以社会主义核心价值观为引领。

4. 巩固马克思主义在意识形态领域的指导地位

任何国家和社会都有占统治地位的意识形态,意识形态领域的主导思想从来都是一元的,不能多元化。一个国家的政治法律制度和政权机构等,都是在占统治地位的意识形态指导下建立起来的。在我国,居于主导地位的意识形态就是马克思主义。马克思主义是社会意识形态的旗帜和灵魂,是我们立党立国、治党治国之本,马克思主义的指导地位任何时候都不能动摇。

三、传承和弘扬中华优秀传统文化

中华优秀传统文化是中华民族的精神命脉,是涵养社会主义核心价值观的重要源泉,也是我们在世界文化激荡中站稳脚跟的坚实根基。建设社会主义文化强国、实现中华民族伟大复兴,必须大力传承和弘扬中华优秀传统文化,努力实现中华优秀传统文化的创造性转化和创新性发展。

1. 中华优秀传统文化是我们民族的"根"和"魂"

中华优秀传统文化来源于中华民族的历史实践,是中华民族在几千年历史发展过程中所产生的包含儒家思想在内的思想文化的总和,是多种思想和学说之间相互交流融合、同其他文化不断交流互鉴而形成的文化。中华优秀传统文化尤其

是作为其核心的思想文化在不同的历史阶段呈现着不同的历史形态,大体经历了先秦诸子百家争鸣、两汉经学兴盛、魏晋南北朝玄学流行、隋唐儒释道并立、宋明理学发展等几个历史时期。中华优秀传统文化以讲仁爱、重民本、守诚信、崇正义、尚和合、求大同等为基本内核,积淀着中华民族最深沉的精神追求,包含着中华民族最根本的精神基因,代表着中华民族独特的精神标识,是中华民族生生不息、发展壮大的丰厚滋养。

2. 实现中华优秀传统文化的创造性化和创新性发展

加强文化建设,要做到在继承中发展,在发展中继承。传统文化中不可避免地存在陈旧过时或成为糟粕性的东西,与社会主义市场经济、民主政治、先进文化、社会治理等还存在需要协调适应的地方。这就要求人们必须实现对传统文化的创造性转化、创新性发展,使之与现实文化相融相通,共同服务于以文化人、以文育人的时代任务。创造性转化,就是要按照时代特点和要求,对那些至今仍有借鉴价值的内涵和陈旧的表现形式加以改造,赋予其新的时代内涵和现代表达形式,激活其生命力。创造性发展,就是要按照时代的新进步新进展,对中华优秀传统文化的内涵加以补充、扩展、完善,增强其影响力和感召力。

传承和弘扬中华优秀传统文化,并不意味着故步自封,闭上眼睛不看世界。中华民族是一个兼容并蓄、海纳百川的民族,在漫长历史进程中,不断学习他人的好东西,把他人的好东西转化成我们自己的东西,这才形成我们的民族特色。文明因交流而多彩,文明因互鉴而丰富,对各国人民创造的优秀文明成果,我们当然要学习借鉴,而且要认真学习借鉴,在不断汲取各种文明养分中丰富和发展中华文化。

四、提高国家文化软实力

文化软实力集中体现了一个国家基于文化而具有的凝聚力和生命力,以及由此产生的吸引力和影响力,是综合国力竞争的重要组成部分。提高国家文化软实力,关系我国在世界文化格局中的定位,关系我国国际地位和国际影响力,关系"两个一百年"奋斗目标和中华民族伟大复兴中国梦的实现。

1. 深化文化体制改革,夯实国家文化软实力根基

文化体制改革就是适应文化生产力发展水平和要求、体现中国特色社会主义基本制度本质要求、在文化具体制度方面的改革。在新的历史起点上深化文化体制改革,是推动社会主义文化大发展大繁荣的必由之路,是奠定国家文化软实力根基的重要方面。

2. 着力讲好中国故事,增强国际话语权

有意识地传播中国价值观念。当代中国价值观念,就是中国特色社会主义价

值观念,代表了中国先进文化的前进方向。我国成功走出了一条中国特色社会主义道路,实践证明我们的道路、理论体系、制度是成功的。要加强提炼和阐释,拓展对外传播平台和载体,把当代中国价值观念贯穿于国际交流和传播的方方面面。要加强中国梦的宣传和阐释,注重从理事层面、国家层面、个人层面、全球层面等方面说清楚、讲明白。中国梦意味着中国人民和中华民族的价值体认和价值追求,意味着全面建成小康社会,实现中华民族伟大复兴,意味着每一个人都能在为中国梦的奋斗中实现自己的梦想,意味着中华民族团结奋斗的"最大公约数",意味着中华民族为人类和平与发展做出更大贡献的真诚意愿。

理论探讨

核心观点:习近平同志2013年在全国宣传思想工作会议上指出,要"讲清楚中华优秀传统文化是中华民族的突出优势,是我们最深厚的文化软实力"[1]。一个国家的文化软实力,主要表现为自己的话语体系、价值理念、思维方式、人文科学、生活方式、社会制度等方面,是否为本国人民所认同、所遵循、所自豪,是否为世界人民所接受、所羡慕、所敬仰。

中国优秀传统文化集中体现着中国的民族性特色和最本初的文化基因,能够对今天的"中国特色"做出最真切的解读和阐释。世界上没有任何一个民族能够依靠否定、割断自身的文化传统,而照搬外来理论走向复兴。任何一种思想理论,如果不与本民族的文化传统相结合,也不可能在民众中间扎下根来;沟通思想理论与人民群众的心灵,传统文化是极其重要的桥梁。马克思主义来到中国后,恰恰是因为融入了中国元素、变换了中国面孔,才被广泛接受和认同,从而得以有效地指导中国革命和建设取得胜利。中国特色社会主义理论体系作为马克思主义中国化的最新成果,它生长于中国这片沃土,必然要对中国优秀传统文化加以吸纳、继承和发展,从而被赋予鲜明的中国魅力、中国风格、中国气派。脱离了中国优秀传统文化的滋养,中国特色社会主义理论体系就不可能枝繁叶茂、保持强大的生命力。

我们党历来重视中国优秀传统文化对理论和实践的推动作用。毛泽东很善于运用中国优秀传统文化成果,结合实际深入浅出地阐释道理、揭示规律。1938年10月,他在党的六届六中全会上谈到党的学习任务时指出:"从孔夫子到孙中山,

---

[1] 习近平.意识形态工作是党的一项极端重要的工作[EB/OL].[2013-08-20]. http://news.xinhuanet.com/politics/2013-08/20/c_117021464.htm.

第四讲　中国特色社会主义文化建设

我们应当给以总结,继承这一份珍贵的遗产。"①孔子是中国优秀传统文化的杰出代表,孙中山是中国革命的先行者。毛泽东将这两个伟大人物联系在一起,从某种程度上表达了他对马克思主义与中国优秀传统文化相结合的认识和理解。在他看来,中国优秀传统文化不是过时的东西,它是跨时代的,具有强大的生命力和现实意义;马克思主义不是教条,而是一个具有包容性和开放性的理论。正是基于对马克思主义和中国优秀传统文化相结合的重新认识,毛泽东才要求中国共产党人要做从孔夫子到孙中山的总结者。

观点纷呈:

1. 提高国家文化软实力

文化软实力主要是指一个国家或地区基于文化而具有的凝聚力、生命力、创新力和传播力,以及由此而产生的感召力和影响力。当今世界,中国增强国家文化软实力的要求更加紧迫。当今世界,综合国力的竞争越来越表现为经济实力、国防实力和民族凝聚力的竞争,而民族凝聚力和创造力的重要源泉就是文化。文化在综合国力竞争中的地位和作用更加凸显,比其他力量的影响更具渗透性、持久性、广泛性。从一定意义上说,只有拥有强大的文化软实力,才能占据文化发展的制高点,在在激烈的国际竞争中赢得主动。

一个国家的文化软实力,取决于国民的精神状态、意志品质和内在向心力、凝聚力、创造力。改革开放以来,随着中国文化的改革发展,全民族思想道德素质和科学文化素质显著提高,文化走出去的步伐加快,多层次我、宽领域对外文化交流格局逐步形成,中华文化影响力不断扩大,国家文化软实力显著增强。同时也要看到,我国是有着悠久历史和灿烂文明的文化大国,但丰富的文化资源还没有转化为较强的文化软实力。中国文化国际影响力与经济政治国际影响力还不相称,文化产品输出国角色与物质产品输出国地位还不匹配,维护国家文化安全的任务更加艰巨。在这样的形势下,必须切实提高国家的文化软实力。

2. 推进文化传承、借鉴与创新

提高文化软实力,必须继承中华优秀传统文化。优秀传统文化凝聚着中华民族自强不息的精神追求和历久弥新财富,是发展社会主义先进文化的深厚基础,是建设中华民族共有精神家园的重要支撑。要建设优秀传统文化传承体系,加强对优秀传统文化思想价值的挖掘和阐发,加强文化遗产的保护,发挥国民教育在文化传承创新中的基础作用和各类文化载体的重要作用,使优秀传统文化成为鼓舞人民前进的精神力量。

提高文化软实力,必须推动哲学社会科学的繁荣发展。要巩固马克思主义理

---

① 毛泽东.毛泽东选集(第2卷)[M].北京:人民出版社,1991:543-544.

论学科,实施哲学社会科学创新工程,建设具有中国特色、中国风格、中国气派的哲学社会科学,使之更好地发挥认识世界、传承文明、创新理论、资政育人、服务社会的功能。

提高文化软实力,必须积极吸收借鉴国外优秀文化成果,坚持以我为主、为我所用,学习借鉴一切有利于加强中国社会主义文化建设的有益经验、一切有利于丰富中国人民文化生活的积极成果、一切有利于发展中国文化事业和文化产业的经营管理理念和机制,在博采众长中不断赋予中华文化以强大生机。

提高文化软实力,必须大力推进文化创新,把创新精神贯穿文化创作生产全过程,适应时代和实践发展要求,积极运用高新科技成果,大力推进文化内容形式、体制机制、方法手段创新,不断创造新的文化样式,催生新的文化业态,努力创作生产更多思想性艺术性观赏性相统一、经得起历史和人民检验的优秀精神文化产品。

3. 推动中华文化走向世界

实施中华文化走出去战略,是增强中华文化国际影响力、提高国家文化软实力和国际竞争力的重要途径。中共十六大以来,通过大力实施中华文化走出去战略,对外宣传和对外文化交流水平不断提高,更好地向世界展示了中国文明、民主、开放、进步的形象和中国人民的精神风貌,提升了国家文化软实力,为中国的发展营造了更加有利的国际舆论和文化环境。

推动中华文化走向世界,要开展多渠道多形式多层次对外文化交流,广泛参与世界文明对话,促进文化相互借鉴,共同维护文化多样性,增强中华文化在世界上的感召力和影响力;创新对外宣传方式方法,增强国际话语权,增进国际社会对中国基本国情、价值观念、发展道路、内外政策的了解和认识;实施文化走出去工程,完善支持文化产品和服务走出去的政策,不断开拓国际文化市场。

4. 深化文化体制改革

在新的历史起点上深化文化体制改革、推动社会主义文化大发展大繁荣,关系实现全面建设小康社会奋斗目标,关系坚持和发展中国特色社会主义,关系实现中华民族伟大复兴。丰富健康的文化生活是衡量人们生活质量的重要标志,也是实现人的全面发展的决定性因素。改革开放特别是中共十六大以来,中国文化建设取得了历史性重大成就,为坚持和发展中国特色社会主义提供了强大精神力量。同时也要看到,中国文化领域正在发生广泛而深刻的变革,人民群众对精神文化生活提出了新的更高要求,推进文化改革发展既面临着难得的历史机遇,也面临不少新的矛盾和问题。

总体而言,中国文化发展同经济社会发展和人民日益增长的精神文化需求还不完全适应,同推动科学发展、促进社会和谐的要求还不完全适应,同扩大对外开放的新形势还不完全适应,同科学技术迅猛发展的新形势还不完全适应。主要表现在:文化产品和服务,无论是在数量、质量和结构上,还是在引导社会、教育人民功能的发挥上,都还不能很好满足人民群众精神文化需求快速增长的需要;文化事业和文化产业发展整体水平还不够高,对国民经济发展的贡献还不够大,在推动科学发展、加快转变经济发展方式上的作用还没有得到充分发挥;一些制约文化发展的体制机制障碍还没有完全破除,束缚文化发展的传统观念依然存在,文化体制机制还不适应社会主义市场经济体制深入发展的要求;舆论引导能力需要提高,网络建设和管理亟待加强和改进;文化产业的国际竞争力还不强,具有国际影响的文化品牌还不多,中华文化国际影响力需要进一步增强;等等。改变上述不适应的状况,根本的出路在深化文化体制改革。

5. 弘扬中华优秀传统文化,提升文化软实力

中国特色社会主义理论体系科学地继承和发展了中国优秀传统文化。它运用马克思主义的立场、观点和方法,对中国传统文化中有进步意义的成分科学地加以阐发,使当代马克思主义与中国优秀传统文化相得益彰、相映成辉。比如,"实事求是"语出《汉书·河间献王刘德传》,作为党的思想路线和中国特色社会主义理论体系的精髓,吸纳了中国传统文化中"致知力行、学以致用、格物致知、即物穷理、贵在力行、循名责实、重效致用、实干兴邦"等思想,并赋予了它崭新的科学内涵和时代特征。再比如,《管子》中,即有"以人为本,本治则国固、本乱则国危"的记述。我们党确立"以人为本"的执政理念,将人民拥护不拥护、赞成不赞成、高兴不高兴作为衡量一切工作和方针政策的根本尺度,同样是对"民惟邦本,本固邦宁""乐民之乐者,民亦乐其乐;忧民之忧者,民亦忧其忧""天地万物,唯人为贵""夫为国者,以富民为本"等中国传统民本思想的继承和发展。又比如,和谐思想根源于中国传统文化"天人合一"理念。在"万物一体"本体论基础上,和谐被视为世界万物的最高伦理,是处理人天、人际、身心等关系的理想范式。和谐社会作为一种生存向往、一种文明形态,自古就是中华民族孜孜以求的梦想。建设社会主义和谐社会,既体现了中华民族和为贵、和而不同的思想境界,也反映了中国特色社会主义的本质属性。

因此,中国优秀传统文化为中国特色社会主义理论体系的形成和发展奠定了基础,它既是中国特色社会主义理论体系的重要思想和文化渊源,又是中国特色社会主义理论体系大众化的重要纽带。今天,在全球化历史语境中,我们寻求文化多样化发展、谋求不同文化之间求同存异、和谐共处的同时,也应注意到一个社会的和谐进步与稳定发展,除了需建立多元化的文化对话机制之外,还需建构一种文化的核心价值体系。中国传统文化的"和谐""仁爱""自然"的思想,之所以能够成为中华传统文化的核心价值观,就在于这些思想既符合中国社会发展的客观要求,也反映了人们的普遍愿望及基本诉求。

案例分析

1. 文明交流互鉴中的中国声音

2017年习近平在巴黎联合国教科文组织总部发表重要演讲,全面深刻阐述对文明交流互鉴的看法和主张,强调应该推动不同文明相互尊重、和谐共处,让文明交流互鉴成为增进各国人民友谊的桥梁、推动人类社会进步的动力、维护世界和平的纽带。习近平指出,实现中国梦,是物质文明和精神文明比翼双飞的发展过程。中国人民将按照时代的新进步,推动中华文明创造性转化和创新性发展,让中华文明同世界各国丰富多彩的文明一道,为人类提供正确的精神指引和强大的精神动力。

点评:

> 习近平指出,文明因交流而多彩,文明因互鉴而丰富。文明交流互鉴,是推动人类文明进步和世界和平发展的重要动力。推动文明交流互鉴,需要秉持正确的态度和原则。
>
> 第一,文明是多彩的,人类文明因多样才有交流互鉴的价值。人类在漫长的历史长河中,创造和发展了多姿多彩的文明。不论是中华文明,还是世界上存在的其他文明,都是人类文明创造的成果。文明交流互鉴不应该以独尊某一种文明或者贬损某一种文明为前提。推动文明交流互鉴,可以丰富人类文明的色彩,让各国人民享受更富内涵的精神生活、开创更有选择的未来。
>
> 第二,文明是平等的,人类文明因平等才有交流互鉴的前提。各种人类文明都各有千秋,没有高低、优劣之分。要了解各种文明的真谛,必须秉持平等、谦虚的态度。傲慢和偏见是文明交流互鉴的最大障碍。
>
> 第三,文明是包容的,人类文明因包容才有交流互鉴的动力。一切文明成果都值得尊重,一切文明成果都值得珍惜。只有交流互鉴,一种文明才能充满生命力。只要秉持包容精神,就不存在什么"文明冲突",就可以实现文明和谐。

2. 历史真的终结了吗?

20世纪上演最后一场政治嬗变——苏联及东欧社会主义联盟瓦解——之后,日裔美国学者福山即时发表了名噪一时的《历史的终结》。他说:自由主义理念战胜共产主义理念之后再也没有理念对手,于是,"历史"终结了。人类越接近千禧年的终点,威权主义和社会主义式中央经济计划越面临相似的危机,以隐含普遍有效

第四讲　中国特色社会主义文化建设

性的意识形态站在战斗圈内的竞争者也只剩下一个人,即自由民主——个人自由和人民主权的学说。何以自由主义意识形态没有理念对手,"历史"就终结了呢?历史进程真是这样的吗?

点评：

> 事实上,"历史终结"的含义可以理解为共产主义理念战胜了自由主义理念。"历史终结"说出自黑格尔的"世界历史哲学",经20世纪的新马克思主义者科耶夫的著名阐释而发扬光大。福山的"历史终结"说就来自黑格尔·科耶夫,但他给出的是一个流俗化或自由主义意识形态化的解释。我们本来以为,只有中国才有意识形态,福山让我们看到,美国也有意识形态,尽管这种意识形态的身段柔软得多。
>
> 首先,福山认为没有出现对"历史终结论"的最严重威胁,充满了西方中心论的自大和吹嘘。据说民主自由最早诞生于欧洲启蒙运动中,是当时的启蒙思想家们根据古希腊文明发展而来的。然而,中国有学者经过严肃考证后指出,"在西罗马帝国灭亡后(公元5世纪)到文艺复兴(15世纪)的1 000年所谓'黑暗世纪'(中世纪)里,多数的欧洲人根本不知道世界上曾经存在什么希腊文明,也几乎没有人懂古希腊文"。德国学者贡德·弗兰克也指出,"可以断定,直到1800年为止,欧洲和西方绝不是世界经济的中心,如果非要说什么'中心'的话,客观地说,不是处于边缘的欧洲,而是中国更有资格以'中心'自居"。换句话说,直到工业革命后才逐渐占据人类世界发展舞台中心位置的西方资本主义国家,之所以提出民主自由并非出于对过去辉煌文明的继承,而仅仅是为了突破封建主义堡垒。今天一些西方学者再次鼓吹民主自由则是基于西方资本控制全球利益的需要。
>
> 其次,福山在文中大谈民主,却不懂辩证法,不知民主具有形式和实质之分。西方政府对内实行的是维护国家统一和资产阶级利益的务实政策,对外输出的民主却是怂恿他国民众反抗政府的无政府主义思潮。2011年,美国政府对"占领华尔街"的民众动用警察强制清场造成流血事件清楚不过地说明了美式民主的实质。对外方面,美国将民主作为战略工具获得的最大成就,莫过于成功摧毁了苏联社会主义政权,获得一强独霸的地位。
>
> 进一步观察,主体性和适应性才是检验民主真假的根本标准。主体性是自主行动和自主决策的能力。引入西方大国的民主对其他国家而言可能意味着动乱,因为一国民主制度的建立和实施是以本国主权和国家安全得到保障为前提的。国家发生动乱,主权和安全尚且无法保障,主体性必然丧失,自主行动和自主决策只能是空中楼阁。在苏东剧变之后的二十多年里,美

国相继发动了两次伊拉克战争、科索沃战争和阿富汗战争,近些年在北非、中东、乌克兰等地的动乱中煽风点火,制造地区动乱,伺机浑水摸鱼,强行输出美式民主。为了国内金融寡头的利益而使用民主工具侵害他国利益甚至引起他国政局动荡,这样的民主已经威胁到了世界安宁和繁荣发展,又怎么能成为人类社会共同追求的价值观呢?

再看适应性。存在严重弊端的西方民主制度在发展中国家基本是"水土不服"。一些拉美、非洲国家,包括亚洲的菲律宾和泰国等国,早已引入美国的一人一票的民主选举形式,但这些国家政局不稳,甚至人民的温饱也无法解决。正如有学者指出的,其根本原因在于:在发展中国家不存在一个掌控全局的稳定的核心组织(指以共济会为代表的寡头)。研究国际政治问题的福山也看到了西方民主在各国实践效果不佳的情况,他在文中承认"许多现存的民主国家运转不良",但对为何"运转不良"却遮遮掩掩。

最后,经济民主优先于政治民主。福山喜欢民主,但似乎不知道民主是以经济发展为前提的。在寡头垄断的经济环境中,就没有实质性的经济民主和共同富裕。波及近百个国家的"占领华尔街"运动纷纷高举"99%民众与1%富豪"对抗的标语,便充分表达了广大选民的心声和愤怒。苏东剧变之后,尽管普通群众也获得了选票,但民众的生活水平却并未得到提升和保障。

3. 弘扬中国水文化,做卓越工程师

"治水社会"理论的创始人卡尔·魏特夫在其《东方专制主义》一书中认为:中国文明的起源,在于大河流域在远古时代的大规模治水,他论述中国是世界上主要的"治水国家"。我国著名的史学家钱穆指出:中华文化始于一个个复杂的河流系统。《大秦帝国》的作者孙皓晖先生认为:中国文明第一次跨越是大禹治水,使中国从原始社会进入国家形态。中国经济史学者李伯重先生认为:中国历史有三大奇迹——世界上独一无二的长时期的大一统;世界上长期以来拥有最多数量的人口;世界上唯一5000年文明持续发展。而这一切,都得益于中国人成功的治水。

点评:

《道德经》有曰:上善若水,水善利万物而不争。《易经》有云:天生一,一生水,水生万物。老子从观水中得出"天下之至柔,驰骋天下之坚"的大道;庄子从"秋水时至,百川灌河"为源推出相辅相生,天地无穷的名理;孔子在水边发出"逝者如斯夫,不舍昼夜"的感叹,他说:"夫水,偏与诸生而无为也,似德。

其流也埤下,裾拘必循其理,似义。其洸洸乎不屈尽,似道。若有决行之,其应佚若声响,其赴而仞之谷不惧,似勇。主量必平,似法,盈不求概,似正。淖约微达,似察。以出以入,以就鲜洁,似善化。其万折也必东,似志。是故君子见大水必观焉。"

孔子在这里全面颂扬了水的"德、义、道、勇、法、正、察、善化、志"等九种品德:水利益万物而没有自己的目的,堪称德;水循着自身的规律向下流,堪称义;汹涌奔流而无穷尽,堪为道;如果有人掘开堵塞物而使水通行,它随即奔腾向前,好像回声应和原来的声音一样,奔赴百丈深渊而无所畏惧,堪称勇;将水注入量器时一定很平,好像法度;将水注满量器后不需要用刮板刮平,遇满则止,并不贪多务得,好像公正;水渗入曲细,无微不达,堪称明察;任何东西经水洗濯,便渐趋鲜美洁净,堪称教化;水历经千曲万折而一定朝着东方流去,堪称志。苏东坡从水与月的变与不变中悟得"自其不变者观之,物与我皆无尽也"的哲理。

《管子·水地》说:"水者何也?万物之本源也,诸生之宗室也","水者,地之血气,如经脉之通流者也"。东汉王充在《论衡·道虚》中说:"夫血脉之藏于身也,犹江河之流地。"把河流视为大地(地球)的血脉,今天用生态科学来看,仍是相当精练与准确的,正是水使这些华夏先贤们铸就了道法自然,天人合一的中华大智慧。

《管子·水地》指出,各地水性不一,民风(文化风俗)也因此相异,因而,"圣人之化世也,其解在水",解读了水,就能解读当地的民风,解决了水的问题,就可以解决好该地的教化问题。而孟子一定是在水滴石穿中体会出仁者无敌的。唐太宗李世民将"水能载舟,亦可覆舟"的道理用于治国,从而创立出举世闻名的"贞观盛世"。这个生动的比喻道出了治国理政之根本。如何趋之利,避之害?中国人对此问题的关切,贯穿着整个中国历史。

全国中小河流治理成绩斐然,农村饮水安全项目福泽亿万群众。到2020年,将有172项重大水利工程逐步在全国落地,不但承担着水利工程的应有之能,还肩负着带动全国经济发展的重任。同时,对水的认识有了新提高:生命之源,生产之要,生态之基。新的治水理念:工程水利向资源水利,传统水利向现代水利被提到重要位置。河湖库连通、民生水利、城市水利、智慧水利、海绵城市等新概念层出不穷。中央提出的"节水优先,空间均衡,系统治理,两手发力"的治水方略,为未来水利发展指明了方向,提出了要求。这些,无疑是从物质和精神的方面对水文化的发展提供了无限空间,而作为中华文化的基础、基因、母体的水文化的发展,对中国的文化自信意义重大,影响深远。

中国传统文化的精神[①]

"形于中必发于外。"作为中国文化基本精神的"刚健有为"精神,其具体表现或凝结的文物、制度、风俗可谓无处不有、无时不有、俯拾皆是、不胜枚举。以文学人物形象而言,《列子·汤问》中每日挖山不止的愚公、鲁迅笔下"每日孳孳"的大禹,都体现了自强不息的精神,他们不过是被鲁迅称为"中国的脊梁"的无数英雄豪杰的写照,而这些形象又反过来激励千百万中国人民奋勇直前。以文学艺术题材而言,从古至今无数骚人墨客所吟咏、所描绘的青松、翠竹、红梅、苍鹰、猛虎、雄狮、奔马之类,也都体现了刚健有为、自强不息的精神。如果有幸到汉代民族英雄霍去病将军墓前看看那些雄浑粗犷的石刻,就会被汉代英勇豪迈的气概所折服;如果舍得花一点时间读一读唐人悲壮慷慨的边塞诗,将不难懂得唐朝的繁荣昌盛是靠什么精神力量支持的。

以制度风俗而言,只要翻一翻历史,人们就不难发现中国的农民起义、农民革命何其多,改朝换代何其多,变法革新何其多,而把"汤武革命,顺乎天而应乎人""通变"当作变革和革命的理论根据或旗帜的又何其多。再看看厚德载物精神。它和刚健有为、自强不息一样,也是中国文学艺术的重要主题。中国古代的骚人墨客用大量的笔墨篇幅赞美祖国的大好河山,描绘在这大好河山中生长成遂的花鸟虫鱼、一草一木。他们的寄托虽各有不同,但有一点是共同的,即在其中渗透着对普载万物的大地母亲的情感,体现了中国人"天地以生物为心""天地之大德曰生"的意识,寄托着"民胞物与"的感情和理想。北宋哲学家程颢说,"万物之生意最可观",可以说为中国的以山水花鸟虫鱼为题材的文学艺术作品的一般主题做了诠释。而这一切,都是厚德载物思想的体现及其引申、发挥。

厚德载物精神见于制度、风俗的也很多。早在战国时期,就已有了"仁民爱物"、保护自然资源和生态环境的思想和制度。孟子说:"不违农时,谷不可胜食也;数罟不入洿池,鱼鳖不可胜食也;斧斤以时入山林,材木不可胜用也。"据《周礼》等文献记载,周代对各种自然资源的开发利用,都有明确的限制规定,这叫"山虞泽衡,各有常禁"。这种限制措施的意图,据后世儒者解释,一是保证"万物阜丰,而财用不乏";二是防止"物失其性",即要使万物各遂其生。这种制度和思想见之于民间风俗,就是一种反对"暴殄天物"的习惯,如中国农民对糟蹋粮食的行为深恶痛

[①] 节选自张岱年,程宜山.中国文化精神[M].北京:北京大学出版社,2015:13-14.题目为编者拟.

绝。汉唐时期,中华民族对域外和少数民族的文化产生极浓厚的兴趣,大力搜求,广泛吸收。从名马到美酒,从音乐到舞蹈,从科学到宗教,无不兼容并包,其气度之闳放、魄力之雄大确实令人赞叹。

中国优秀传统文化的复兴①

作为两千多年中华思想文化主导与底色的儒学,在经历了近百年西方文化的猛烈冲击和中国主流社会排斥、批判,乃至横扫的严冬之后,如今终于迎来复苏的春天,如白居易形容原上草那样:"野火烧不尽,春风吹又生";虽然还不能说是芳菲满园,却不再是"花果飘零"(徐复观语),而呈现出欣欣向荣的景象。有些深受反传统的文化激进主义熏染的学者认为这是一种"文化复古"现象,仍沿用"批孔"的思维模式予以抨击。殊不知这是中华民族文化经历"扬弃"之后的一次螺旋式的升华,是事物发展否定之否定客观辩证运动的表现;而民族文化在新形势下的复兴,乃是中华民族伟大复兴的重要精神支撑。我们正在经历着中华文化自"五四"新文化运动以来又一次历史性的变革,这一变革开创了一个崭新的时代,其深刻性尚有待于人们认真加以反思觉解,更需要学界从学术理论的高度予以研讨和阐释,使更多的中国人尽快脱出文化自卑的心理,实现文化自信和自觉。

……

以儒学为中轴的中华文化,几经冲刷,去掉污泥和陈腐(如"三纲"),其精华(如"五常")在新的时代精神照耀下逐渐放射出耀眼的光彩。由孔子儒学和老子道学所铸造的仁恕通和刚毅之道,作为中华文明的核心价值追求,正适应了今日建设以人为本、和谐公正、富裕文明的中国特色社会主义社会的需要,成为当代文明建设的丰厚精神滋养和智慧泉源。习近平主席所概括的"讲仁爱、重民本、守诚信、崇正义、尚和合、求大同",乃是中华优秀传统文化的精华和当代价值所在,代表着中国社会主义者文化自觉的新高度。

"五四"文化运动是中国从传统向现代转型中的第一次新文化运动,其思想动力主要来自欧洲启蒙运动"解放自我""理性万岁"的价值观念,追求民主与科学,推进了中国现代改革事业;但提出"打倒孔家店"的口号,丢失民族文化主体意识,因而文化路向走偏了,带来一系列弊病。当前开始启动的文化运动可称为第二次新文化运动,是中国式的文艺复兴运动,是在更高层面上向中华优秀传统文化回归,其价值理念应是"尊重他者""和谐万岁",口号应是"创新儒学",它与世界范围内正在兴起的重信仰、重道德的第二次启蒙运动恰相吻合,相互推进,儒学将在其中承担重要责任。

---

① 牟钟鉴.中国文化的当下精神[M].北京:中华书局,2016:2-4.题目为编者拟.

传统文化与社会信仰①

传统信仰维系于风俗习惯、制度文物中,构成礼教的核心。此种信仰每于不知不觉中深印于儿童的脑筋,成为儿童的原始经验或天赋观念。此种先入为主的信仰,根深蒂固,多半是无法破除的。培黎教授尝谓:"美国人之反对清教徒,其反对清教徒的方法与精神,亦于不知不觉间仍然沿袭清教徒的旧套。"准此以观,西洋某些无神论者之反基督教,其精神仍是基督教的。如到民间去宣传主义,及为主义而牺牲性命的精神,仍是基督教的遗风。又如中国五四运动时代的打倒孔家店运动,其某些方式和习气仍是带有中国式的,代表中国人的特性,很少表现真正西洋进步精神。因此,就心理事实言,要想根本铲除传统信仰几乎不可能。就社会福利言,一个国家或民族传统信仰的破产,每每致民族解体,国家衰乱的结果,故除了启蒙时代的一两个思想家外,很少主张根本扫除传统信仰的人,而大都主张对传统信仰加以自觉的发挥,加以理性化。使传统信仰理性化、深刻化,扩充其义蕴,减少其束缚性,不庸讳言地,是哲学的任务之一。所以英国哲学家布拉得雷曾用滑稽的语调说过:"形而上学的目的在于说出些很坏的理由以为本能的信仰作辩护。"他所谓本能的信仰主要的意思似亦包含我此处所谓传统的信仰。证以英国人的信仰传统,更可想见。大家都知道英国人以守旧著称,其实英国人并不是盲目地不求进步,不敢冒险进取,乃基于其尊重传统信仰和信仰传说的精神出发。其中有理性化传统信仰的成分在,亦有求民族文化的统一与持续的功用在。

实用的信仰是为生活的方便,行为的必须,事业的成功而权且建立的信仰。这种信仰无宗教或道德的信仰之深邃远大,无传统信仰之历史背景和社会力量。但若无此种实用的,亦即实际的,实用的信仰,则会陷于畏首畏尾一无所可的窘状,生活不能进行,行为不能产生,事业不会成功。日常生活、实业、政治、军事上种种信仰,大都属于此类。譬如存款在银行,相信银行可靠,吃饭相信饭菜中无毒,乘汽车或飞机相信不致遇险,每做一事,相信此事于己有良好的后果……诸如此类的信仰,一方面出于理智的计算,一方面亦基于经验的积累。但因未来事变之不易预测,故只能权且如此信仰,以观后效,有时亦可作意外之准备,以防不虞。最要紧的就是要知道政治上、军事上的信仰乃是属于实用信仰的范围。譬如就中国现在军事上的抗战,政治上的建国而论,谨慎点说,真可说是"成败利钝,非所逆睹"。但凡属中国的军政当局以及全国人民,为实际实用实行计,不能不相信"抗战必胜,建国必成"。并将我们的想象力与理想力,均导向抗战必胜、建国必成方面着想,以坚定并集中我们的信仰,如是庶我们可以有"鞠躬尽瘁,死而后已"的忠贞精神与牺牲的

---
① 贺麟.文化与人生[M].北京:商务印书馆,2015:6-9.题目为编者拟.

决心。故此种信仰之本身即有足以促进抗战的胜利与建国的成功之效力，并足以证实"抗战必胜，建国必成"这句话不是空话而是真话。

习近平论中国传统文化

一个国家选择什么样的治理体系，是由这个国家的历史传承、文化传统、经济社会发展水平决定的，是由这个国家的人民决定的。我国今天的国家治理体系，是在我国历史传承、文化传统、经济社会发展的基础上长期发展、渐进改进、内生性演化的结果。

中华民族是一个兼容并蓄、海纳百川的民族，在漫长历史进程中，不断学习他人的好东西，把他人的好东西化成我们自己的东西，这才形成我们的民族特色。

推进国家治理体系和治理能力现代化，要大力培育和弘扬社会主义核心价值体系和核心价值观，加快构建充分反映中国特色、民族特性、时代特征的价值体系。坚守我们的价值体系，坚守我们的核心价值观，必须发挥文化的作用。民族文化是一个民族区别于其他民族的独特标识。要加强对中华优秀传统文化的挖掘和阐发，努力实现中华传统美德的创造性转化、创新性发展，把跨越时空、超越国度、富有永恒魅力、具有当代价值的文化精神弘扬起来，把继承优秀传统文化又弘扬时代精神、立足本国又面向世界的当代中国文化创新成果传播出去。

——2014年2月17日在省部级主要领导干部学习贯彻十八届三中全会精神全面深化改革专题研讨班开班式上的讲话[1]

把培育和弘扬社会主义核心价值观作为凝魂聚气、强基固本的基础工程，继承和发扬中华优秀传统文化和传统美德，广泛开展社会主义核心价值观宣传教育，积极引导人们讲道德、尊道德、守道德，追求高尚的道德理想，不断夯实中国特色社会主义的思想道德基础。

核心价值观是文化软实力的灵魂、文化软实力建设的重点。这是决定文化性质和方向的最深层次要素。一个国家的文化软实力，从根本上说，取决于其核心价值观的生命力、凝聚力、感召力。培育和弘扬核心价值观，有效整合社会意识，是社会系统得以正常运转、社会秩序得以有效维护的重要途径，也是国家治理体系和治理能力的重要方面。历史和现实都表明，构建具有强大感召力的核心价值观，关系社会和谐稳定，关系国家长治久安。

---

[1] 习近平在省部级主要领导干部学习贯彻十八届三中全会精神全面深化改革专题研讨班开班式上发表重要讲话[EB/OL].[2014-02-18]. http://www.gov.cn/jrzg/2014-02/18/content_2610940.htm.

培育和弘扬社会主义核心价值观必须立足中华优秀传统文化。牢固的核心价值观，都有其固有的根本。抛弃传统、丢掉根本，就等于割断了自己的精神命脉。博大精深的中华优秀传统文化是我们在世界文化激荡中站稳脚跟的根基。

中华文化源远流长，积淀着中华民族最深层的精神追求，代表着中华民族独特的精神标识，为中华民族生生不息、发展壮大提供了丰厚滋养。中华传统美德是中华文化精髓，蕴含着丰富的思想道德资源。不忘本来才能开辟未来，善于继承才能更好创新。对历史文化特别是先人传承下来的价值理念和道德规范，要坚持古为今用、推陈出新，有鉴别地加以对待，有扬弃地予以继承，努力用中华民族创造的一切精神财富来以文化人、以文育人。

要讲清楚中华优秀传统文化的历史渊源、发展脉络、基本走向，讲清楚中华文化的独特创造、价值理念、鲜明特色，增强文化自信和价值观自信。

要认真汲取中华优秀传统文化的思想精华和道德精髓，大力弘扬以爱国主义为核心的民族精神和以改革创新为核心的时代精神，深入挖掘和阐发中华优秀传统文化讲仁爱、重民本、守诚信、崇正义、尚和合、求大同的时代价值，使中华优秀传统文化成为涵养社会主义核心价值观的重要源泉。要处理好继承和创造性发展的关系，重点做好创造性转化和创新性发展。

——2014年2月24日在中共中央政治局第十三次集体学习时的讲话①

历史文化是城市的灵魂，要像爱惜自己的生命一样保护好城市历史文化遗产。北京是世界著名古都，丰富的历史文化遗产是一张金名片，传承保护好这份宝贵的历史文化遗产是首都的职责，要本着对历史负责、对人民负责的精神，传承历史文脉，处理好城市改造开发和历史文化遗产保护利用的关系，切实做到在保护中发展、在发展中保护。

搞历史博物展览，为的是见证历史、以史鉴今、启迪后人。要在展览的同时高度重视修史修志，让文物说话、把历史智慧告诉人们，激发我们的民族自豪感和自信心，坚定全体人民振兴中华、实现中国梦的信心和决心。

——2014年2月25日在北京市考察工作时的讲话②

---

① 习近平.使社会主义核心价值观的影响像空气一样无所不在[EB/OL].[2014-02-25].http://news.xinhuanet.com/politics/2014-02/25/c_119499523.htm.
② 习近平在北京考察工作[EB/OL].[2014-02-26].http://tv.people.com.cn/n/2014/0226/c141029-24474362.html.

第四讲　中国特色社会主义文化建设

1. 中共十七届六中全会提出坚持中国特色社会主义文化发展道路，建设社会主义文化强国的目标，请结合十八大报告，从理论与实践结合的角度谈谈你的认识。

2. 在现实生活中，有人提出发展社会主义市场经济，社会经济成分多样化、指导思想可以多元化；也有人提出多种分配方式并存，利益关系多样化，价值观念多元化就要搞指导思想多元化。请对上述观点进行评析。

3. 结合当今社会现实，谈谈对培养和践行社会主义核心价值观的重大战略意义。

4. 怎样理解中华优秀传统文化的继承与卓越工程师的培养之间的联系？

5. 有人提出，发展才是硬道理，提升国家文化软实力并不是当前所需。请谈谈你的理解。

第五讲　中国特色社会主义社会建设

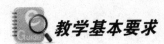

1. 了解中国特色社会主义社会建基本理论。
2. 明确维护社会公平正义的着力点。
3. 掌握保障和改善民生的主要内容。
4. 把握创新社会治理的原则和措施。

一、中国特色社会主义建设理论与制度

1. 中国特色社会主义建设理论

中国特色社会主义社会建设理论包括六个方面，分别是：构建和谐社会的理论，这是中国特色社会主义的本质属性；保障和改善民生的理论，这是中国特色社会主义社会建设的重点；实现和维护社会公平正义的理论，这是中国特色社会主义的内在要求；促进城乡协调发展的理论，这是中国特色社会主义社会建设的基础；兼顾不同阶层利益的理论，这是中国特色社会主义社会建设的关键；创新社会治理的理论，这是中国特色社会主义社会建设的重要内容。

2. 中国特色社会主义社会制度

中国特色社会主义社会制度主要有以下五种：教育制度，它是为规范各类教育机构与组织体系及其运行而制定的各种规则和原则的总和；劳动就业制度，它是为调整劳动和就业社会关系而制定的各种规则和原则的总和；基本医疗卫生制度，它是为规范医疗卫生行为而制定的规则和原则的总和；社会保障制度，它是为保障全体社会成员的基本生存与生活需要而制定的有关社会福利、社会保险、社会救助、社会优抚和社会安置等规则和原则的总和;社会治理制度,它是为维护人民群众利益、协调利益矛盾、促进社会公平正义、保持社会良好秩序而制定的关于社会治理的各种规则和原则的总和。

二、维护社会公平正义

1. 妥善处理各种利益矛盾

利益矛盾是主导性矛盾,它影响和制约着其他各类矛盾的产生与发展,是人民内部矛盾产生的根源。随着经济体制与分配制度的转变,我国社会利益关系呈现出了一些新的特点,如利益主体趋于多样化、利益差距有所扩大以及矛盾对抗程度有所增强等。因此,要维护社会公平正义,就必须统筹协调利益关系、妥善处理各种利益矛盾。

当前妥善处理各种利益矛盾的主要手段有四点:健全诉求表达机制,使群众表达利益诉求逐步走上制度化、规范化、法制化的轨道;健全利益协调机制,使群众的利益能够有效地获得引导、约束、调节和补偿;完善矛盾调处机制,使社会冲突能够得到最大限度的缓解,各种利益关系能够得到科学有效地调整;加强权益保障机制建设,形成基本覆盖城乡居民的社会保障体系。

2. 加大收入分配调节力度

合理的收入分配制度是社会公平的重要体现,它关系到经济的发展、政治的稳定、社会的和谐,以及最广大人民群众的根本利益。改革开放以来,我国在收入分配领域存在着一些问题,如城乡、地区、行业之间的收入差距不断扩大,社会收入分配关系尚未理顺,某些领域分配秩序混乱以及社会保障不完善等。因此,要维护社会公平正义,就必须加大收入分配调节力度,这是社会建设的紧迫任务。

当前加大收入分配调节力度的手段主要有五点:坚持和完善按劳分配为主体、多种分配方式并存的分配制度;初次分配和再次分配都要处理好效率和公平的关系,再次分配更加注重公平;努力提高居民收入在国民收入分配中的比重;逐步提高最低工资标准,保障职工工资正常增长和支付;规范分配秩序,加强税收对收入分配的调节作用,有效调节过高收入,努力扭转城乡、区域、行业和社会成员之间收入差距扩大的趋势。

3. 促进基本公共服务均等化

基本公共服务均等化是指,确保基本公共服务政策、基本公共服务制度以及基本公共服务机会对全体公民是均等的。促进基本公共服务均等化的目的在于,缩小民生差距、发展差距和贫富差距,减少社会矛盾进而增进社会和谐,根治复杂的经济社会复合问题,为改革开放创造良好的政策环境。

当前促进基本公共服务均等化的主要手段有三点:转变政府职能,创新基本公共服务体制机制,建立以政府为主导、市场主体和社会主体有序参与供给的"一主多元"的公共服务供给模式;加大财政投入,增强公共产品和公共服务供给能力,缩小城乡、区域间的基本公共服务差距;建立基本公共服务监测评价体系,制定科学的基本公共服务总和评价指标体系,建立与之相适应的技术体系,建立多元化的绩效评估体系。

三、保障和改善民生

1. 改善民生是发展的根本目的

民生是指人民的基本生存和生活状态,以及人民的基本发展机会、基本发展能力和基本权益保护状况等,它是人民幸福之基、社会和谐之本。民生主要具体涉及劳动就业、社会福利、义务教育、医疗保障、基本住房、最低生活保障、社会救助等几个方面。

关于理解"改善民生是发展的根本目的",要掌握三条基本思路:改善民生是坚持立党为公、执政为民的本质要求。中国共产生的建立与发展都是为了维护和实现好人民的根本利益,因此,检验党的工作成效的最终标准,就是看广大人民群众是否得到真实惠,社会民生是否得到真改善。改善民生是推动发展的根本目的。我们的发展归根到底是要不断满足人民群众日益增长的物质文化需要,提高人民群众的生活质量和水平。如果忽视民生问题的改善,不能真正实现好、维护好、发展好人民群众的根本利益,这样的发展是无意义的,并且不可持续的。改善民生是经济发展的目的和推动力,只有在发展经济中改善民生,才能更好地发挥人民群众的积极性和创造性。经济发展是改善民生的前提和基础,只有经济发展了,改善民生才有切实的物质基础。

2. 保障和改善民生的主要内容

我国保障和改善民生主要从以下五个方面着手进行:教育是民族振兴和社会进步的基石,要努力办好人民满意的教育;就业是民生之本,要推动实现更高质量的就业;收入水平是人民分享发展成果的直接体现,要千方百计增加居民收入;社会保障制度是保障人民生活、调节社会分配的基本制度,要统筹推进城乡社会保障体系建设;健康是促进人的全面发展的必然要求,要提高人民健康水平。

3. 社会政策要托底

十八大以来,为了更好地保障和改善民生,党提出了"守住底线、突出重点、完善制度、引导舆论"的工作思路,强调社会政策要托底。社会政策托底是指从现有国力、财力出发,形成以保障基本生活为主的社会公平保障体系,织牢民生安全网的"网底",发挥好保基本、兜底线作用。

社会政策要托底可以具体阐释为以下四点:立足社会主义初级阶段的基本国情,制定关系民生问题的教育、医疗、就业、养老、社会保障等政策,既尽力而为,又量力而行,反对"高福利、高消费"政策;着力解决实际困难,抓住人民最关心、最直接、最现实的利益问题,切实为人民群众办实事、解难事;对各类困难群众,要格外关注、关爱、关心,对他们实施特殊扶持和救助,守住他们的生活底线;倡导勤劳致富,营造公平、公正的良好生存环境,使每一个人通过自身努力都有机会成功。

四、推进社会治理创新

1. 社会治理的内涵及特征

社会治理的内涵:社会治理是以社会多元主体参与为基础,以维护和改善人民群众根本利益为核心,针对社会发展中的各种社会问题,协调社会利益、化解社会矛盾,促进社会公平、推动社会有序发展的过程。

社会治理的主要特征有四点:社会治理主体的一主多元性,即党委领导、政府主导、社会组织和个体等参与;社会治理的过程性,即社会治理是随着社会经济政治的变化而不断变化发展的;社会治理的协调性,即社会治理不是用强力去破坏社会自身发展的功能,而是通过协调多方利益使其功能得到更好的发挥;社会治理的互动性,即社会治理表现出多元主体参与、表达利益诉求、平等协商、相互配合的互动性。

2. 创新社会治理的目标

社会治理是国家治理的重要内容。推进国家治理现代化,必须创新社会治理,推动社会治理向科学化、现代化的方向发展。

创新社会治理的具体目标有三个方面:创新并完善社会治理体制,建立系统治理的良性互动机制、依法治理的法治保障机制、法德兼治的利益调节机制和标本兼治的综合服务机制;维护社会大局稳定,处理好维稳与维权的关系,处理好激发社会活力与维持社会秩序的关系;营造人民安居乐业的社会环境,加强平安中国建设,完善社会综合治理,建立立体化社会治理防控体系。

3. 创新社会治理的主要措施

创新社会治理从总体上讲要不断创新社会治理的理念思路、体制机制和方法手段,探索一条具有中国特色、体现时代特征的社会治理之路。

创新社会治理的主要措施具体说来有六个方面:改进社会治理方式,即坚持系统治理、坚持依法治理、坚持综合治理、坚持源头治理;激发社会组织活力,即正确处理好政府与社会组织间的关系,实施政社分开,推进社会组织明确职权、依法自治、发挥作用;强化社会治理中的法治建设,即着力于用法治思想和法治方式防范化解社会风险,强化法律在维护群众权益、化解社会矛盾中的权威地位,引导和支持人民群众理性表达诉求、依法维护权益;创造有效预防和化解社会矛盾机制,即健全重大决策社会稳定风险评估机制,健全行政复议案件审理机制,健全及时就地解决群众合理诉求机制;健全公共安全体系,即完善统一权威的食品药品安全监管机制,深化安全生产管理体制改革,健全防灾减灾救灾体制,加强社会治安综合管理,加大依法管理网络力度,设立国家安全委员会;加强城乡社区基层社会治理,即提高乡村、社区治理能力,尽可能实现乡村、社区资源配置的合理化,加强乡村、社区常态化治理,加强和完善人口流动服务治理。

理论探讨

核心观点:加强和创新社会治理,是我国社会主义社会发展规律的客观要求,是人民安居乐业、社会安定有序、国家长治久安的重要保障。

在党的十八届三中全会通过的《中共中央关于全面深化改革若干重大问题的决定》(简称《决定》)中指出:"创新社会治理,必须着眼于维护最广大人民根本利益,最大限度增加和谐因素,增强社会发展活力,提高社会治理水平,全面推进平安中国建设,维护国家安全,确保人民安居乐业、社会安定有序。"

《决定》中对创新社会治理的主要措施规定有如下四个方面:

一是改进社会治理方式。坚持系统治理,加强党委领导,发挥政府主导作用,鼓励和支持社会各方面参与,实现政府治理和社会自我调节、居民自治良性互动。坚持依法治理,加强法治保障,运用法治思维和法治方式化解社会矛盾。坚持综合治理,强化道德约束,规范社会行为,调节利益关系,协调社会关系,解决社会问题。坚持源头治理,标本兼治、重在治本,以网格化管理、社会化服务为方向,健全基层综合服务管理平台,及时反映和协调人民群众各方面各层次利益诉求。

二是激发社会组织活力。正确处理政府和社会关系,加快实施政社分开,推进社会组织明确权责、依法自治、发挥作用。适合由社会组织提供的公共服务和解决的事项,交由社会组织承担。支持和发展志愿服务组织。限期实现行业协会商会与行政机关真正脱钩,重点培育和优先发展行业协会商会类、科技类、公益慈善类、城乡社区服务类社会组织,成立时直接依法申请登记。加强对社会组织和在华境外非政府组织的管理,引导它们依法开展活动。

三是创新有效预防和化解社会矛盾体制。健全重大决策社会稳定风险评估机制。建立畅通有序的诉求表达、心理干预、矛盾调处、权益保障机制,使群众问题能反映、矛盾能化解、权益有保障。改革行政复议体制,健全行政复议案件审理机制,纠正违法或不当行政行为。完善人民调解、行政调解、司法调解联动工作体系,建立调处化解矛盾纠纷综合机制。改革信访工作制度,实行网上受理信访制度,健全及时就地解决群众合理诉求机制。把涉法涉诉信访纳入法治轨道解决,建立涉法涉诉信访依法终结制度。

四是健全公共安全体系。完善统一权威的食品药品安全监管机构,建立最严格的覆盖全过程的监管制度,建立食品原产地可追溯制度和质量标识制度,保障食品药品安全。深化安全生产管理体制改革,建立隐患排查治理体系和安全预防控制体系,遏制重特大安全事故。健全防灾减灾救灾体制。加强社会治安综合治理,创新立体化社会治安防控体系,依法严密防范和惩治各类违法犯罪活动。坚持积极利用、科学发展、依法管理、确保安全的方针,加大依法管理网络力度,加快完善互联网管理领导体制,确保国家网络和信息安全。设立国家安全委员会,完善国家安全体制和国家安全战略,确保国家安全。①

观点纷呈:

1. 西方"治理"理论的提出及其主要模式

在西方社会,"治理"概念是为了应对20世纪90年代以来西方福利国家普遍出现的管理危机而提出的。一方面,由于市场机制的弊端导致"市场失灵";另一方面,由于政府职能失衡导致"政府失灵"。在"市场失灵"与"政府失灵"的双重压力下,西方理论家提出了"治理"的理论,以求通过治理行政模式的建构来弥补政府和市场调控的不足。治理理论最先由詹姆斯·N.罗西瑙和格里斯·托克等人提出,他们认为,治理是一种由共同目标所支持的活动,其主体未必一定是政府,其方式也无须依靠国家的强制力来实现。它既包括政府机制,同时也包括非正式的、非政府的机制。②经过近二十多年的发展,现代西方治理主要有公民治理、民主治理、多中心治理、协作性治理、整合性治理以及"数字化治理"等治理模式。

2. 我国从"社会管理"到"社会治理"的转变的原因

近年来,我国有关治国理政的理念发生了从"社会管理"到"社会治理"的根本转变。之所以出现这一转变,主要是基于以下几个方面的原因:首先,我国自改革开放以来,特别是在从传统社会向现代社会转型的过程中,政府与社会高度一体的社会管理模式已无法适应当前经济和社会发展的需要。③ 其次,全能型政府因其职能定位不清、管理理念不能随着社会经济的发展而更新,从而使社会组织处于边

---

① 参见中共中央关于全面深化改革若干重大问题的决定.[EB/OL].[2013-11-15]. http://www.gov.cn/jrzg/2013-11/15/content_2528179.htm.
② 俞可平.治理与善治[M].北京:社会科学出版社,2009:2.
③ 谢俊.和谐社会视阈中的我国社会治理创新[J].探索,2005(6):93-96.

缘化地位,民众处于弱势地位,这影响了社会主义社会的和谐发展。① 第三,在经济体制转轨和社会结构转型的过程中,当代利益格局的多元化对社会治理体制的创新提出了迫切的要求。② 随着十八届三中全会《决定》的通过,"社会治理"成为我党的治国理政理念的升华,成为实现国家治理体系和治理能力现代化的重要环节。

3."合作治理"的本质及其对社会的影响

在西方社会,继官僚体制与市场之后,合作治理成为当代最重要的治理机制之一。西方的"合作治理"在本质上是一种制度机制,是提供公共服务、实现公共治理的一种制度安排和方法。

在上述分析中,"合作治理"应当至少包括两个核心维度:参与主体的多样性和参与主体间的关系结构。参与主体的多样性意味着利益的多样性,利益被"整合"的可能性。由此,参与主体的数量、类型的多样性、"跨部门"的程度以及不同部门之间利益的异质性程度共同构成了"合作治理"概念的第一个要素。而给定"相互依赖",给定多主体及其差异性的利益诉求,不同主体之间的关系治理机制,特别是合作治理内部的关系和网络治理机制,构成了"合作治理"概念的第二个要素。综上,合作治理在本质上是一个动态的过程,是多主体实现公共事物治理的过程。

当前,对合作治理的研究是建立在"工具—民主"两分视角的背景下进行的。这使得对合作治理的影响也可从这两个视角出发去探讨:一方面,合作治理可以带来更好的制度绩效,包括提高社会公共服务的供给效率、提高政府公共政策的决策水平和执行水平,提高公共治理体系的弹性、适应性和稳定性;另一方面合作治理可以降低社会权力结构的不平等,促进公共参与,提升个人效能,促进社会信任,提升民主价值和参与价值,从而促进社会参与、社会公平以及公民社会的产生。③

4."社会治理"的新意

第一,"治理"概念更强调双向互动的特征。"治理"与"管理"的重要区别就在于从单向指令变成双向互动。社会管理是指管理者出台各种法规,以及社会各方面实施和执行法规的过程。管理比较倾向于操纵的、控制的、单向的。而治理过程既包括从上到下,也包括从下到上,是一个互动的过程。互动是治理概念非常明确的特征。

第二,"治理"概念更加具备参与的特征。过去的参与多是政府动员式的。政府一方往往承担的任务过重,而对于参与社会建设的社会力量一方,没有作十分细

---

① 黄建军.从社会管理到社会治理的多维困境[J].探索,2014(2):61-65.
② 周庆智.社会治理体制创新与现代化建设[J].南京大学学报(哲学·人文科学·社会科学),2014(4):148-156.
③ 参见蔡长昆.合作治理研究述评[J].公共管理与政策评论,2017(01):85-96.

致、深入的分析。而在"治理"概念中,强调的是多方参与的力量。强调多方力量的参与本质上是尊重人民群众的主体地位的体现。

第三,"治理"概念更突出合作、协作、伙伴的关系。社会管理突出的是"管",它更强调管理者与被管理者的关系,管理的过程很难说是合作和协商的过程,因为管理更多的是发指令和控制的过程。而治理更多的是合作,合作比参与更前进了一步,即在互动的过程中有合作也有协商,可以说是一个民主的过程。

第四,"社会治理"更加强调社会自我调节的能力。对于一个社会而言,并不是政府干预得越多越好,政府管得越多越好。过去我们总认为政府在社会建设中要对社会进行管控,要增加各种规则和法规,要进行各种审批。但这次改革提出的"社会自我调节"的背后意味着对社会有了新的理解,即认为社会具有很强的社会自愈能力。

第五,"社会治理"更加强调要激发社会组织活力。社会学研究证明,对于一个社会的良性运行而言,有组织比没有组织好。创新社会治理体制的一个重要内容就是激发社会组织活力。过去,我们不是很信任社会组织,总是认为社会组织"不良性、不健康、没秩序",总是把社会组织看作是一种异己的力量。现在,我们希望它们能有更大的活力,发挥更大的作用。这其中变化的核心原因是对政府和社会的关系有了更深刻的理解。

第六,"治理"概念是对传统的官本位思路的突破。迄今为止,中国社会破除官本位的任务仍旧非常艰巨。官本位导致在社会问题的处理上不能很好地处理政府和社会的关系。而政府和社会的关系正是治理要解决的核心问题。在处理政府与社会的关系的时候,治理的思路是民本位思路。所以,治理概念的提出也是对于传统的官本位思想的一个突破。

1. 青岛西海岸新区:网格化社会治理体系建设

青西新区是2012年9月由原黄岛区和原胶南市合并而成,2014年6月获批国家级新区。两区合并之后,管理的陆域面积扩大至2 096平方公里,辖27各街镇、1 221个村居,总人口171万,外来人口近一半,流动人口近50万,是典型的移民城区。近年来,新区经济发展快速、城市化进程迅猛,流动人口激增,加之两区融合过程中体制机制亟须理顺、民生政策标准亟须统一等,致使各类矛盾上升迅速、交织复杂,社会治理工作远不能适应发展的形势。

新调整的党政班子,深刻反思,认真分析,查找原因,认为长期重发展轻治理,掩盖了社会治理领域存在的"短板"。主要表现为"四快四弱":一是经济发展快,社会治理基层基础薄弱;二是城市规模扩张快,城市精细化管理相对薄弱;三是市场主体增长快,监管相对薄弱;四是各类矛盾和问题增长快,科学预判和高效处置能力相对薄弱。针对上述社会治理领域的"短板",新区明确提出经济发展与社会治理两手抓、两手硬,通过创新工作概念、体制机制和方式方法,改变原来的静态管理、被动应对和条块分治的社会管理格局,建立起动态治理、主动治理和协同治理的网络化"大治理"体系。

青西新区建设网格化社会治理体系的主要做法有:

(1) 做实做强网络,实行精细化零距离服务管路。按有利于精细管理、有利于资源整合、有利于服务群众、有利于责任落实"四有"原则,将全区划分为城市网格、村改居网格、农村网格、企业网格和特殊网格五种类型的1 549个网格,将区域内所有人、地、物、事、组织等要素和服务事项全部纳入网络。每个网格均设置公示牌,公示网格范围、服务监督热线和网格员姓名、联系方式、工作职责,网格之间不留白、不交叉。每个网格至少配备5名网格员,实行日常巡查与专业巡查相结合和工作台账制度,全面负责网格内矛盾隐患排查、基本信息搜集、问题处置核实和服务群众等工作,确保"网中有格、格中有人、人在格上、事在网中"。

(2) 建立大数据信息平台,工作流程在平台上闭环运行。组建区、街镇、管区三级互联互通社会治理信息支撑平台。该平台具备信息多元化收集、重点区域实时监控、数据综合分析研判、问题高效处置"四大功能",发现问题、分析问题、解决问题、核实反馈"四个环节"环环相扣、闭环运行。信息采集环节,网络员通过手持智能终端设备,市民等通过社会治理门户网站、微信等,向平台反映问题、提出意见和建议;网络舆情监控平台自动采集重大舆情信息上传平台。目前已采集全区5800多家重点企业基本信息、78类城市部件近28万条数据、110多万条基础人口信息。监控环节,全面整合公安、安监、街镇等视频监控资源,对安全生产、社会治安等多发区域进行可视化监控,实时获取处理各类信息。信息化自动巡查的"天网"与网格化人工巡查的"地网"相结合,构成了无缝覆盖的"天罗地网"。

(3) 建设专业化队伍,提升社会治理专业化水平。突出建好三支队伍和专业化培训,以队伍专业化提升治理专业化。一是专家队伍,作为社会治理的"智囊"。从全国层面选聘12名社会治理领域的专家学者,组建新区社会治理专家咨询委员会,定期开展社会治理专项课题调研,全面指导社会治理工作。二是专职干部队伍,作为社会治理的"中坚"。从区直机关选派176名机关干部下沉到基层,其中88名处级以上干部担任管区党委书记、主任,并兼任街镇社会治理专职副主任、党工委委员,88名科级干部担任管区副主任。三是网格员队伍,作为社会治理的"触角"。将分散于各部门的城管执法人员、安监员、社区民警、治安联防队员等全部集

第五讲　中国特色社会主义社会建设

中分配,下沉至网格,弥补专业网格员夜间巡查、信息遗漏等不足。四是实施网格员三级培训。由街镇主导入职培训,业务部门主导专业知识培训,新区主导区情政策法规培训,推进一专多能,努力使每位网格员成为法律宣传员、社情民意信息员、安全隐患巡查员、城市管理监督员、矛盾纠纷调解员、民生服务代理员。

(4) 强化法治保障,推进依法依规治理。突出法治的规范引领作用,建立科学立制、严格执法、普法用法"三位一体"法治化社会治理格局。一是以规范公权、服务民权为目标,以构建政府职能标准化体系为核心,实施"五张清单"制度,加强重点领域建章立制,使政府和公民每一项具体事项均有标准可依循、可操作、可检查、可评价。二是区级层面统一制定出台《社会治理工作规则》,对社会治理事权划分、工作机制、工作流程、网格管理、经费保障、工作职责、制度规范等10个方面内容进行了明确规范。推进综合执法改革,组建区综合行政执法局。推进市场综合监管体制改革,整合市场监管执法队伍。三是普法用法,以群众教育实践活动为抓手,开展法律进机关、进乡村、进社区、进学校、进企业、进家庭"六进"活动,以及开展社会公德、职业道德、家庭美德、个人品德"四德工程"活动。积极引导群众守法用法、依法反映自身合理诉求,专门成立律师援助团,对政策法律问题解疑释惑,对涉法涉诉问题进行法律程序的引导,对生活困难的提供免费法律咨询和法律援助。

(5) 理顺体制机制,推进协同化治理。为确保事有人干和干得好、干得顺畅,避免职责不清、推诿扯皮等现象发生,重点推进"两个坐实一个优化"。一是坐实管理体制。建立由区委领导牵头,社会治理办、综合办、城管委办、信访联席办、安委办、法制办、编委办等为成员的联席会议制度;区社会治理办和区综治办、区城管办合署办公,实行一套人马,三块牌子,集中办公,变外部协调为内部协调。二是坐实两级管理机构。组建区、街镇两级"一组、一办、一中心"。"一组"即社会治理工作领导小组,统筹领导辖区社会治理工作。"一办"即社会治理办公室,统筹协调辖区社会治理工作。"一中心"即社会治理信息中心,负责辖区社会治理信息的收集、研判、分办、处置和反馈。三是优化运行机制,完善定人定点责任包干、过程结果公示公开、民主规范科学考核等运行机制。[1]

点评:

> 青西区建设网络化社会治理体系在创新社会治理层面上带给我们很大的理论与实践启示:在传统的社会管理模式下,一般以管理和控制手段为主。政府是管理和控制的主体,群众是被管理和被控制的对象。在整个社会管理

---

[1] 参见青岛西海岸新区:网格化社会治理体系建设.[EB/OL].[2015-07-30]. http://leaders.people.com.cn/n/2015/0730/c395832-27386970.html.

过程中，群众具有很大的被动性。而社会治理则要求多元主体参与，政府由管控型向服务型转变，民众由受动型向积极型转变。新区推进网格化社会治理的路子正是符合了上述两种转变，使用先进网络技术大平台为依托，主动收集社区、民众的信息、矛盾以及问题，主动关心、回应与群众切身利益挂钩的各种诉求。这不仅切实做到了为民排忧解难，而且把社会问题与矛盾防患于最小的范围之内。

此外，新区以网格化单元为基本组织要素，将复杂细碎的基层社会资源进行科学合理的划分，把所有相关政府人员、社会组织、社会团体按照相应的规则进行横向与纵向统筹，把对群众及社会问题的回应与解决具体落实到某个团队或个人身上，层级责任分明，不相互推诿，保证群众的意愿自下而上通畅传达，以及各方通过组织协调，及时落实处理，使网格上的诉求与问题"件件有回音、事事有落实"。这是政府引导各种社会组织与个人积极有序的参与社会治理活动的良性表现，有利于社会治理成本的节约以及社会治理效率的提升。

2. 抚顺公共服务差距调查分析

抚顺是"因矿而兴"的老工业城市和资源型的城市，公办公共服务资源丰富，基本公共服务水平略高于全国平均水平。然而，抚顺市的发展面临着经济社会转型的重大挑战，其中一个不利因素是近十几年来，人口总量以平均每年1万人的速度在逐年减少。根据出生人口数量推算，抚顺市义务教育学校的在校生将由2009年的148 696人减少到2013年的131 657人，平均每年递减4 400余人。高中生源在2011—2014年内呈现小幅减少，之后将面临生源急剧减少、教职工严重超编、资产闲置的问题。

抚顺市2011—2013年对799所学校进行了调整，调整力度很大，全国层面的效果和问题在抚顺市也有体现，但从政府公共服务供给角度来看，抚顺市与全国又存在着不同：

第一，城市公共服务水平在某些方面落后于农村。由于抚顺市是资源型、生产型城市，城市化率较高，2010年已达到72％。2009年以来，基于我国农村社会事业发展明显滞后的特征，国家不断加大对农村公共服务的投入，在公共资源的分配上加大向农村和其他困难地区的倾斜力度。然而近年来，抚顺农村人口偏少，农村公共服务提高较快，但大量城市贫困人口却无法享受针对农村的公共服务倾斜投入和政策扶持。

第二，沈抚新城教育资源薄弱。与很多地区通过建设教育园区来推进区域发展不同,沈抚新城是抚顺吸引外来人口,尤其是年轻人口,实现城市转型发展的重要依托,且已成为城市经济发展的重要带动力。然而,沈抚新城的公共服务资源薄弱,虽然已提出建设沈抚新城教育园区,但仍缺乏优质学校。

第三,教职工超编问题突出。全国很多地区,尤其是农村学校师资受编制约束短缺问题突出,由于义务教育资源布局的调整,增加了寄宿学生,因而迫切需要增加心理辅导教师、生活教师、校医、营养餐教师以及校园安全岗等编制。但抚顺市恰恰与此相反,由于学生人数的减少使教职工严重超编。[①]

点评:

> 通过反思上述抚顺义务教育公共资源分配中所表现出来的现象与问题,关于义务教育资源布局调整对义务教育公平性的影响,我们可以得到如下启示:在抚顺案例中,似乎教育资源布局调整不仅没有给当地教育带来发展的契机,反而由于城乡教育资源的调整不均使一些城市贫困学生被迫辍学,而另一些学生由于上学的路途遥远,必须离开父母寄宿在学校。此外,由于学生的逐年递减,教职工编制和学校资源浪费现象严重。这是否意味着当前我国教育资源布局战略从理念上就存在问题?其实不然。教育资源布局是为了解决随着社会发展而造成了教育资源分配变动滞后的问题。也就是说,教育资源布局调整是为了发展教育而"不得不进行的调整"。它将从根本上合理分配教育资源、提高教学质量、保障教育公平。
>
> 当然,由于各地实际教育发展阶段不同,在统一落实教育资源布局战略的情况下,各种现实问题会逐渐浮出水面。例如,目前的教育资源流动还是以政府态度为主导,而由市场本身决定的资源配置还很薄弱。又如,农村教育服务投入近几年加大了力度,呈逐年递增的趋势,但在政策实施上却缺乏地方性考量,地方政府根据自身的城乡分布特色制定高效的教育资源分配政策能力不足。这些问题并不是教育资源布局战略思路本身引发的问题,因而它们在教育资源配置规律的导引下,最终能够获得解决。所以,教育资源布局调整势在必行,它的必要性不容置疑,不能用当下表面的资源分配公平来掩饰事实上以及长久性的教育资源分配不公。

[①] 参见张璐琴.拉大公共服务差距的政府力量——基于抚顺、无锡两地的调研案例分析[EB/OL].[2014-12-24]. http://www.china-reform.org/? content_589.html.

村落的终结:羊城村的故事①(节选)

如果我们把一个社会比作一座楼房,那么可以说这个社会的结果,就如同楼房建筑的框架和格局。但这个框架和格局是什么呢?现在问卷调查流行了,很多人习惯于把人口的性别、年龄、文化程度等方面的分布作为分析社会结构的切入点。其实这些还只是社会表层的结构,并不代表社会结构的本质。换句话说,一些表层结构相似的社会,很可能具有本质上的差异。

一个社会的深层结构,其实是由那些实际的运行规则组成的。而决定人们行为规则的东西就是制度,但制度可以分为正式制度和非正式制度:正式制度就是由法律、行政法规和政府政策组成的一套行为约束;而非正式制度大体相当于我们所说的习俗和惯例,也包括具有行为约束力的道德、信仰和意识形态等。

在中国南方的大都市羊城,现代文明发展的铁律正在快速改变着很多传统的东西,但对很多人来说,这个现代文明的汪洋大海,却越来越变成一个陌生的世界,嵌入这个大海之中的羊城村,像一个传统文明的孤岛,它那熟人的互识社会与外部陌生的世界形成了一个强烈的对比。

这个处于鳞次栉比的高楼大厦包围之中的羊城村,似乎并不理睬周围世界的变化,而是按照一种农民的睿智,一方面采取各种圆滑、权宜和灵活的方式,汲取那些有利于自身的新东西;另一方面,仍按照似乎千年不变的传统逻辑行事。尽管羊城村已步入村落终结的过程,但它的运行逻辑依然保持着村落的深层特征,就像一个个出土的古老瓦罐,即便是在现代文明的阳光下,表征的还是非常久远的历史记忆。

所谓"传统逻辑",实际上就是一套村落历史延续下来的习俗规定。因为传统的村落就像一个大家庭,而家庭一般来说是一个"无讼的世界"。当然,现代文明似乎也在改变着所有"无法的角落",媒体上报道的家庭诉讼和父子打官司的事也越来越多,但尽管如此,大多数老百姓的日常家务事还是靠"情理"来调节,况且人们都期望现代文明仍能保持家庭中"无讼的温馨"。

羊城村的故事并不是孤立的,从深层次上来看,它实际上依然是在复制着千万个中国村落的叙说。从管理、发展上来看,羊城村属于那种村落精英比较成功的类型,而这种类型的村落,村落精英一般都是长时期执政,虽然外部世界几经风雨,发

---

① 李培林.村落的终结:羊城村的故事[M].北京:商务印书馆,2004:82-84.

生了各种社会事件和人事更迭,但他们依然遵循"外圆内方"的策略,我行我素。因为他们深谙乡土社会的运行规则,是村落中少数能够"摆平"各种乡土社会冲突的村落精英。

羊城村里调节人们社会关系的那些"习俗定规""情理""说法"等等,用过去的学术语言来说,就是与"法"相对而言的村落之"礼",与"法统"和"政统"相对而言的村落"道统",用现代的学术语言来说,就是与法律法规等"正式制度"相对而言的"非正式制度"。

对"非正式制度"的关注和研究,似乎是中国社会学的一个经典主题,这个主题由于新制度主义理论研究视角的兴起,而再次成为社会学关注的焦点。如果说社会学与经济学、法学有什么研究上的区别的话,我想这种区别已经越来越不是研究的现实领域的区别,而是研究所使用的理论、概念和方法的不同。比如,如果说中国的经济学和法学研究的更多的是正式制度的话,那么社会学和人类学更多研究的则是非正式制度。

利益冲突与善观念冲突[①]

根据霍布斯、休谟、叔本华等人的观点,正义之所以必要,是因为个人或群体之间有现实或潜在的利益冲突。休谟进一步认为,个人或群体之间之所以会有利益冲突,是因为社会缺乏两种东西,一是物质资源,二是利他动机。照此推理,正义是一种弥补性品德:如果一个社会不缺乏物质资源和利他动机,正义的品德就不再必要。

在当代正义理论中,休谟的观点已经受到了越来越多的质疑。例如,罗尔斯在《政治自由主义》中指出,鉴于"合理多元主义"在现代民主社会的发展,休谟的观点已失去其合理性。另外一些学者,譬如说斯图沃特·汉普希尔(Stuart Hampshire),则认为休谟的观点从一开始就不能成立。不论这些学者对休谟的评价有何不同,他们都从善观念(conception of the good)的多元化出发,并试图以此为基础重新界说正义的条件及其功能。汉普希尔指出:"对霍布斯和大多数社会契约论者来说,问题的要旨在于,既然人们的欲望和利益彼此冲突并互不相让,在什么条件下他们才能和平共处?但这并没有抓住道德的中心问题。"这是因为,"与善观念的冲突以及是非观的冲突相比,欲望和利益的冲突更容易通过理性的算计来解决。博弈论或某种巧妙的理性选择方法可能会有助于解决利益冲突,但它们无助于解决道德冲突"。

显然,对于过于简单化的正义观,汉普希尔的观点能起到修正的作用。它提醒

[①] 节选自慈继伟.利益冲突与善观念冲突//正义的两面[M].北京:三联书店,2014:42-45.

我们,不管人们追求的是狭义的个人私利(interest in the self),还是广义的个人愿望(interest of a self),这一追求都无法脱离某种善观念的影响。正是通过不同善观念的作用,不同个人之间的利益冲突才能达到互不相容的尖锐程度,正义建制也才成为必要。尖锐而持久的社会冲突往往涉及道德化了的个人利益。虽然冲突的实质是个人利益之争,但其表现形式却是不同善观念之间的分歧。这说明,人们需要通过道德手段去解决的冲突本身就具有道德的表现形式。

在汉普希尔看来,正义需要解决的问题首先是不同善观念之间的冲突,而不是单纯的个人利益之争。无疑,这更贴近人们对利益冲突的自我理解。当人们因利益纠纷而与他人发生冲突时,他们时常认为,造成冲突不是利益纠纷,而是不同善观念之间的分歧。在这一点上,汉普希尔似乎比休谟更进了一步,抓住了利益冲突的道德侧面。

不过,这并没有从根本上推翻休谟的正义条件论,而只是更准确地表达了休谟正义条件论的潜在内涵。的确,不同个人利益之间的冲突常常表现为不同善观念之间的冲突,但这并不意味着,善观念的分歧本身就足以导致难以解决的社会冲突,以至于人们不得不诉诸于正义概念。当持有不同善观念的人们发生利益冲突时,使正义概念成为必要的首先不是他们在善观念上的差异,而是他们偏倚自己的利益、自己的善观点,从而对别人的利益、别人的善观念缺乏足够尊重的倾向。

仔细分析一下正义所要解决的问题,我们就会明白这一点。正义所要解决的问题不是善观念的多元化,也不是不同善观念之间的差别,而是人们为了追求各自的目标而不惜牺牲他人利益的倾向。虽然这一倾向可以在善观念的作用下发生某种程度的升华,但它的实质仍旧是利己主义。当然,利己主义本身并不能构成善观念的内容,但是,不管人们持有什么类型的善观念,其善观念的内容又是什么,只要他们在追求自己的善观念时拒绝考虑别人的利益和观点,他们的做法就是利己主义的。持有不同善观念的人们之所以会卷入尖锐而持久的冲突,正是由于这一利己主义倾向的缘故。

即使我们的善观念的(有意识的)宗旨是促进他人利益,我们也很难避免利己主义的倾向。如果在促进他人利益时,我们不从他人角度考虑何为他人利益,我们所表现出来的就不仅是认知能力的缺陷,也是道德意义上的利己主义。真正的利他主义者不仅乐于理解别人的愿望,而且理应具有理解别人愿望的能力。在不受客观条件限制的情况下(譬如,受客观条件所限,我们有时无法准确了解他人的愿望),造成认知能力缺陷的往往是利他主义的缺乏。对名副其实的利他主义者来说,认知能力和利他动机往往互为因果。

为了进一步论证这一观点,我们不妨从反面做一点说明。托马斯·内格尔(Thomas Nagel)提供了一个很好的例子,他认为:"在没有其他因素介入的情况下,利他主义本身就会导致冲突,世界上有多少善观念就会有多少相互冲突的角度。"他特别提到"那些为了我的最佳利益……而希望限制我的宗教自由的人们",并为此加了一个脚注:"在实际生活中,我们必须时刻对这种做法表示怀疑。"应该说,对这种做法仅仅表示怀疑是不够的。倒是内格尔引用洛克《论宽容的信札》中的一段话更切中问题的关键。与内格尔不同,洛克认为,强加于人的做法在根本上不符合利他主义的精神。洛克写道:"请那些人不要诉诸法官之权威和他们的口才与学识,就算他们口口声声只热爱真理,这种沾满火与剑的毫无节制的狂热却无法掩饰他们对世俗权力的野心,因为任何一个知书达理的人都难以相信,一个亲手把自己的弟兄交给刽子手去活活烧死却心安理得的人,其意图是真心诚意地想拯救自己的弟兄,使其免受来世的地狱之火。"洛克在这里谈的是宗教,但他的观点同样适用于所有以真理和道德的名义把个人意志强加于人的做法。这也是康德的观点:"我不能根据自己的幸福观为别人创造福利(幼童和疯人除外),以为强迫别人接受我的礼物也能使其受益。相反,我只能根据他人自己的幸福观为其创造福利。"也就是说,真正的利他主义者不应该把自己的幸福观强加于人,否则,他所谓的利他主义行为就成了盗用利他主义名义的利己主义行为。只有这样,我们才能区分利他主义和纯粹家长主义。

自由主义的治理艺术[①]

在机制、效果及原则方面,这种治理艺术显然有新颖的一面。不过这种新颖也只是在一定程度上的新颖,因为我们不应当把这种治理艺术想象成对国家理性的压制、抹杀、废弃,或者——如果你愿意,也可以采用我上星期谈到过的说法——对国家理性的消灭(Aufhebung of the raison d'Etat)。事实上,我们能不应当忘记,这种新的治理艺术,或者说这种尽可能减少治理的治理艺术,这种在最大化及最小化之间,且宁愿弃大取小的治理艺术,应当被视为一种对国家理性的强化,或者内部提纯;它是以维护、充实并完善国家理性为目的被提出的治理原则。它不是有别于国家理性的他物,既不外在于之,也不与之发生冲突,它就是国家理性自身发展回路中进入弯道的节点。如果你们允许我使用一个不太恰当的说法,那么我会说,它就是内在于国家理性的,作为国家理性本身的组织化原则的最小国家理性(the reason of the least state);或者这么说:它就是作为国家理性本身的组织原则的最小治理理性(the reason of least government)。曾经有人——很遗憾我在资料里找不到他的名字,不过找到了我会告诉你们,不过可以肯定是在18世纪末期——谈到过"节俭型治理"(frugal government)。实际上,我想眼下我们正在进入所谓节

---

① 节选自[法]福柯.什么是批判[M].北京:北京大学出版社,2016:249-250.题目为编者拟.

俭型治理的时代。当然,这种说法一定会招来一些反对意见,因为节俭型治理时代从18世纪揭开序幕以来,到现在还没有成为历史。而在此过程中,我们目睹了治理实践的内部强化及外部扩张,它们带来的负面效应,以及它们遭遇的抵制与反击。这些抵制与反击,我们知道,是针对治理的恶意侵犯行为而发,尽管此治理一再重申自己的节俭,且它原本也应当节俭。可以这么说——这也是为什么我们能够说我们正生活在一个节俭型治理的时代的原因——一种始终都把节俭当成目标的治理,其内部强化及外部扩张过程,无论是在治理的内部还是外部,从始至终都伴随着这样一个问题,也就是太多与太少的问题。夸张一些说,或者讽刺一些说,我认为无论治理的外在扩张或内在强化过程实际上如何进行,节俭的问题始终位居对治理进行反省的中心位置。节俭性的问题,如果不是取代了,至少也是排挤了政制问题,并在某种程度上迫使后者退至边缘的地位。而政制的问题,乃是贯穿十六七乃至18世纪的政治思考的核心问题。当然,所有关于君主政治、贵族政治及民主政治的问题并没有凭空消失。但是,正如它们是十七八世纪政治思考中根本性的问题——也可以说最尊贵的问题——一样,从18世纪末期开始,贯穿19世纪,到今天为止显然更是如此,最根本的问题已经不再是国家的政制问题,而毫无疑问是治理的节俭性问题。治理的节俭性问题说白了就是自由主义的问题。现在我想把上星期谈到的两个或者三个要点重新提出来,澄清并提炼一下。

1. 阅读案例1(《青岛西海岸新区:网格化社会治理体系建设》)以及推荐书目第三本中关于"治理的艺术"的相关内容,谈谈我国当代社会治理创新的理论与实践依托。

2. 结合案例2(《拉大公共服务差距的政府力量——基于抚顺、无锡两地的调研案例分析》)与推荐书目第一本,思考在当前社会背景下我国社会建设尤其是民生建设可能遭遇的现实困境以及解决思路。

3. 阅读推荐书目第二本,谈谈在我国现阶段社会建设中公平正义的要义。

4. 结合案例2(《拉大公共服务差距的政府力量——基于抚顺、无锡两地的调研案例分析》)与推荐书目第二本,思考解决民生问题与维护社会公平正义在我国推进社会建设举措中的相互关联。

第六讲　中国特色社会主义生态文明建设

 教学基本要求

1. 了解中国特色社会主义生态文明建设的基本理论和制度。
2. 把握优化国土空间开发格局的基本要求。
3. 明确建设资源节约型、环境友好型社会的主要任务。
4. 了解实施重大生态修复工程的主要内容。

生态文明以尊重和维护自然为前提,以人与人、人与自然、人与社会和谐共生为宗旨,以建立可持续的生产方式和消费方式为内涵,以引导人们走上持续、和谐的发展道路为着眼点,强调人的自觉与自律,强调人与自然环境的相互依存、相互促进、和谐共生的人类文明的一种形态。

一、中国特色社会主义生态文明建设的基本理论和制度

1. 中国特色社会主义生态文明建设理论

中国特色社会主义生态文明建设理论主要内容包括:(1) 关于建设生态文明的理论;(2) 关于以系统工程思路抓生态文明建设的理论;(3) 关于推进绿色化的理论;(4) 关于统筹人与自然和谐发展的理论;(5) 关于实施可持续发展战略的理论;(6) 关于建设资源节约型、环境友好型社会的理论;(7) 关于走文明发展道路的理论。大力发展中国特色社会主义生态文明建设,是落实"以人为本、执政为民、可持续发展理念"和"尊重自然、顺应自然、保护自然的生态文明理念"的现实表现,也是建设"资源节约型、环境友好型"社会、实现和谐发展和文明发展的必由之路。

2. 中国特色社会主义生态文明制度建设

深化生态文明体制改革,积极构建源头预防、过程控制、损害赔偿、责任追究的生态文明制度体系。一是健全法律法规;二是完善标准体系;三是健全自然资源资产产权制度和用途管理制度;四是完善生态环境监管制度;五是树立底线思维;六是完善经济政策,健全价格、财税、金融等各项政策;七是推行市场化机制;八是健全生态保护补偿机制;九是用好考核的"指挥棒",健全政绩考核制度;十是完善责任追究制度。

二、优化国土空间开发格局

优化国土空间开发格局,是建设生态文明的重要任务,也是促进区域协调发展的战略措施。

1. 优化国土空间开发格局的重要意义和基本目标

必须处理好有限的国土空间与日益扩大的发展需求之间的矛盾,使有限的国土空间发挥更大的承载能力。优化国土空间布局,统筹谋划人口分布、经济布局、国土利用和城镇化格局,引导人口和经济向适宜开发的区域集聚,保护农业和生态发展空间,促进人口、经济与资源环境相协调,是一项关系全局和长远发展的重要战略任务。优化国土空间开发格局的基本目标:控制开发强度,调整空间结构,促进生产空间集约高效、生活空间宜居适度、生态空间山清水秀,给生态和环境留下更多修复空间,给农业留下更多良田,给子孙后代留下天蓝、地绿、水净的美好家园。

2. 加快实施主体功能区战略

实施主体功能区战略,要构建科学合理的城市化格局、农业发展格局、生态安全格局。一是构建以"两横三纵"为主体的城市化格局。以陆桥通道、沿长江通道为两条横轴,以沿海、京哈京广、包昆通道为三条纵轴,以国家优化开发和重点开发的城市化地区为主要支撑,以轴线上其他城市化地区为重要组成的城市化战略格局。二是构建以"七区二十三带"为主体的农业发展格局。构建以东北平原、黄淮海平原、长江流域、汾渭平原、河套灌区、华南和甘肃新疆等农产品主产区为主体,以基本农田为基础,以其他农业地区为重要组成的农业发展战略格局。三是构建以"两屏三带"为主体的生态安全格局。以青藏高原生态屏障、黄土高原——川滇生态屏障、东北森林带、北方防沙带和南方丘陵地带以及大江大河重要水系为骨架,以其他国家重点生态功能区为重要支撑,以点状分布的国家禁止开发区域为重要组成的生态安全战略格局。

3. 加强海洋资源科学开发和生态环境保护

加强海洋资源开发能力和生态环境保护,是我国海洋事业发展的重大战略,也是推进生态文明建设的重要内容。要提高海洋资源开发能力,坚持规划用海、集约用海、生态用海、科技用海和依法用海,提高资源利用效率和水平,实现海洋资源的节约、集约和可持续利用。根据海洋资源环境承载力,科学编制海洋功能区划,确定不同海域主体功能。坚持"点上开发、面上保护",控制海洋开发强度,在适宜开发的海洋区域,加快调整经济结构和产业布局,积极发展海洋战略性新兴产业,严格生态环境评价,提高资源集约节约利用和综合开发水平,最大程度减少对海域生态环境的影响。严格控制陆源污染物排海总量,建立并实施重点海域排污总量控制制度,加强海洋环境治理、海域海岛综合整治、生态保护修复,有效保护重要、敏感和脆弱海洋生态系统。开展海洋资源和生态环境综合评估。实施严格的围填海总量控制制度、自然岸线控制制度,建立陆海统筹、区域联动的海洋生态环境保护修复机制。

三、建设资源节约型、环境友好型社会

加快发展循环经济,建设资源节约型和环境友好型社会,实现经济增长方式的根本性转变,是我国今后经济社会发展应着力解决的重大问题。

1. 资源节约型、环境友好型社会的基本内涵

资源节约型社会,是指以能源资源高效率利用的方式进行生产、以节约的方式进行消费为特征的社会体系。它不仅体现了经济增长方式的转变,更是一种全新的发展模式。它要求在生产、流通、消费的各个领域,在经济社会发展的各个方面,以节约使用能源资源和提高能源资源利用效率为核心,以节能、节水、节材、节地、资源综合利用为重点,以尽可能少的资源消耗获得尽可能大的经济和社会效益,从而保障经济社会的可持续发展。

环境友好型社会,是人与自然和谐发展的社会,通过人与自然的和谐共生来促进人与人、人与社会的和谐。具体来说,它是一种以人与自然和谐相处为目标,以环境承载力为基础,以遵循自然规律为核心,以绿色科技为动力,倡导环境文化和生态文明,追求经济、社会、环境协调发展的社会体系。

2. 当前我国自然环境面临的突出问题

我国发展面临着越来越突出的资源环境约束,人们对良好生态环境的要求越来越迫切。主要问题是:能源资源约束强化,2014年我国石油对外依存度上升到59.5%,天然气对外依存度升至32.2%,铁矿石、铜等重要矿产资源对外依存度也在不断上升;我国年均缺水量达536亿立方米,2/3的城市缺水,耕地面积已接近18亿亩红线;环境污染突出,环境状况总体恶化趋势还没有得到根本遏制,一些重点流域水污染严重,部分城市灰霾现象凸显,环境群体性事件增多;生态系统退化,全国水土流失面积占国土面积37%、沙化土地面积占国土面积18%,90%以上的

草原不同程度退化,地面沉陷面积扩大,生态系统破坏带来的自然灾害频发。

3. 节约资源、保护环境的基本途径

经济社会发展必须建立在资源得到高效循环利用、生态环境受到严格保护的基础上。要与生态文明建设相协调,形成节约资源和保护环境的空间格局、产业结构和生产方式。一是推动绿色发展。向"绿色化"要生产力,推动生产方式绿色化,构建科技含量高、资源消耗低、环境污染少的产业结构和生产方式,大幅提高经济绿色化程度,加快发展绿色产业,形成经济社会发展新的增长点。二是推动低碳发展。通过大力推进产业结构调整、加快建设节能减排降碳工程、加强工业等重点领域节能降碳、强化节能低碳技术支撑,努力实现以低碳为特征的新型工业化和城市化道路,实现发展转型,使低碳经济真正成为促进社会可持续发展的推进器。三是推动循环发展。加强矿产资源综合利用,鼓励产业废弃物循环利用,推进资源再生利用产业化,构建覆盖全社会的资源循环利用体系。四是加强宣传教育。积极培育生态文化、生态道德,使生态文明成为社会主流价值观。充分发挥新闻媒体作用,加强资源环境国情宣传,普及生态文明法律法规、科学知识等,倡导勤俭节约、绿色低碳、文明健康的生活方式和消费模式,提高全社会生态文明意识。

四、实施重大生态修复工程

实施重大生态修复工程,增强生态产品生产能力,要以解决损害群众健康的突出环境问题为重点,坚持预防为主、综合治理,强化水、大气、土壤等污染防治,着力推进重点流域和区域水污染防治,着力推进重点行业和重点区域大气污染治理。

1. 治理大气污染,改善空气质量

防治大气污染,应当坚持规划先行,转变经济发展方式,优化产业结构和布局,调整能源结构,加强对燃煤、工业、机动车船、扬尘等造成大气污染的综合防治,推行区域大气污染联合防治,对颗粒物、二氧化硫、氮氧化物、挥发性有机物等大气污染物和温室气体实施协同控制;加大对大气污染防治的财政投入,实行以大气环境质量保护和改善为核心的大气环境保护目标责任制和考核评价制度,对大气污染防治实施统一监督管理;鼓励和支持大气污染防治的科学技术研究,推广先进适用的大气污染防治技术和装备,促进科技成果转化,鼓励和支持开发、利用清洁能源;建立环境保护责任制度,明确单位负责人和相关人员的责任,对所造成的损害依法承担责任。

2. 治理水污染,保护水环境

中国水资源质量不断下降,水环境持续恶化。地表水资源污染严重,地下水污染正在由点状、条带状向面上扩散,由浅层向深层渗透,由城市向周边蔓延。坚持

"节水优先、空间均衡、系统治理、两手发力"原则,加强水资源的利用和保护。全国落实最严格水资源管理制度,强化水资源开发利用控制、用水效率控制、水功能区限制纳污"三条红线"的先导作用和刚性约束。把治水与治山、治林、治田有机结合起来,协调解决水资源问题。抓好重大水利工程建设,明晰水权,形成水权交易市场,通过价格杠杆调控用水行为,提高水资源利用效率。

3. 治理水土流失,改善土壤质量

治理水土流失,坚持以水资源承载能力为前提,优化水资源配置,合理开发、节约和保护水资源,强化水资源的统一管理。坚持保护优先,退耕还林,封山禁牧,加强综合治理,做好水土资源的持续利用;向土壤污染宣战,改善土壤质量,要求充分考虑土壤环境承载力,制定实施土壤污染防治行动计划,优先保护耕地土壤环境,强化工业污染场地治理,开展土壤污染治理与修复试点。强化科技支撑,完善土壤环境保护标准体系,研发推广适合我国国情的土壤环境保护和综合治理技术和装备。严格目标考核,建立土壤环境保护和综合治理目标责任制。

理论探讨

核心观点:从人类中心主义走向生态文明。近代以来,在人与自然的冲突中逐步发展起来的"人类中心主义"思想长期占据着统治地位。人类中心主义作为一种价值观和价值尺度,把人类的利益作为价值原点和道德评价的依据,有且只有人类才是价值判断的主体。在人与自然的价值判断中,始终以人类利益为中心,视自然为客体,不具有内在价值,价值评价的尺度必须掌握和始终掌握在人类的手中。把大自然当作取之不尽、用之不竭的资源库,对自然进行无情掠夺,人类的一切活动都是为了满足自己的生存和发展的需要,如果不能达到这一目的的活动就是无意义的,因此一切应当以人类的利益为出发点和归宿。

尽管人类中心主义在人类文明的发展和社会进步中发挥过积极作用,但是由于其自身存在的种种弊端,最终造成了人与自然的严重异化。伴随着工业化进程的加速而出现的环境污染、生态破坏、资源匮乏等当代全球性问题,已经严重威胁到人类生存条件和生活质量,迫使人们从根源上对主客体行为进行深刻反思,重新思考人与自然的关系。随着生态环境危机的日益加剧,人类中心主义的弊端暴露无遗,越来越不适应人类社会的健康和可持续发展,不利于生态文明的建设,人类必须重新审视人与自然的关系以及其所内含的人与人的关系。

如何走出困境?人类必须在更高的层次上科学地认识现代人类文明的本质,重新发现"自然"的内在价值,确立自然的生命主体地位,并给予自然应有的关怀和

尊重,因此,生态文明与可持续发展成为时代的主题。

中共"十七大"把生态文明作为我国社会发展的目标,中共"十八大"进一步把生态文明融入经济、政治、文化和社会之中,形成五位一体的战略格局,近年来又发布了《生态文明体制改革总体方案》,明确提出开创中国特色社会主义生态文明的新时代,凸显生态文明的国家战略和重大需求。加快推进生态文明建设是加快转变经济发展方式、提高发展质量和效益的内在要求,是坚持以人为本、促进社会和谐的必然选择,是全面建成小康社会、实现中华民族伟大复兴中国梦的时代抉择,是积极应对气候变化、维护全球生态安全的重大举措。因此,进入现代社会,人们呼唤一种新文明的出现,逐渐超越工业文明,由黑色文明向绿色文明——生态文明转型。

观点纷呈:

1. 人与自然是生命共同体

我们要认识到,山水林田湖是一个生命共同体,人的命脉在田,田的命脉在水,水的命脉在山,山的命脉在土,土的命脉在树。用途管制和生态修复必须遵循自然规律,如果种树的只管种树、治水的只管治水、护田的单纯护田,很容易顾此失彼,最终造成生态的系统性破坏。由一个部门负责领土范围内所有国土空间用途管制职责,对山水林田湖进行统一保护、统一修复是十分必要的。

应该从生态系统协调发展的视角研究山水林田湖等自然的多重价值。自然的内在价值与外在价值是在人的认识和实践活动中生成的,并通过人的社会活动得以体现。作为一个价值体系,自然价值包括经济价值、文化价值、生态价值等多方面。"生命共同体"理念内含着对人类环境行为的责任伦理要求,善待生命共同体中的成员,履行环境保护的道德责任和义务,以适度、节制、简约的态度对待自然和生活,惟如此,才能构筑起生态环境保护和治理的生命共同体。①

2. 回归自然——21世纪的生态伦理学

生态中心主义认为生态系统中的万物都是相互联系的,认为人及其自然存在物都有其内在价值,生物物种之间权利也是平等的,主张人类面临的生态危机是文化和价值层面的危机,人类只有确立人和自然界和谐相处的新观念才能从根本上克服当前的生态危机。生态伦理学是以"生态伦理"或"生态道德"为研究对象的应用伦理学,它打破了"人类中心主义",要求人类将其道德关怀从社会延伸到自然存在物或自然环境。人类中心主义总是作为一种价值和价值尺度而被采用的,它是要把人类的利益作为价值原点和道德评价的依据,有且只有人类才是价值判断的

---

① 人民网. 习近平总书记关于"中共中央关于全面深化改革若干重大问题的决定"的说明.[EB/OL].
[2013-11-15]. http://politics.people.com.cn/n/2013/1115/c1001-23559327.html.

第六讲　中国特色社会主义生态文明建设

主体。而生态伦理学认为,当代人不能为自己的发展与需求而损害人类世世代代满足需求的条件。"生态伦理"要求人类将其道德关怀从社会延伸到非人的自然存在物或自然生命共同体,呼吁人类把人与自然的关系确立为一种伦理道德关系。根据生态伦理的要求,人类应放弃传统的控制自然、掠夺自然的传统价值观,追求与自然同生共荣、协同进步的可持续发展价值观。生态伦理学打破了仅仅关注如何协调人际利益关系的人类道德文化传统,使人与自然的关系被赋予了真正的道德原则和道德价值。

3. 生态价值观——人与自然协调发展的必然价值取向

传统伦理道德只注意到了人对社会的依赖,而环境伦理则考虑到了人对自然的依赖,是对人类生存的社会性和对自然的依赖性的双重关照。实现人口、资源与环境的永续发展,不仅需要制度、政策的改变,还需要法律的约束,而更重要、更深入持久的是要运用道德的约束力,依靠扎根于内在的信念和社会舆论的作用,运用道德的规范来调节人们的日常行为,以人类发自于内心的自觉行为来保证人与环境的共同协调发展。这也正是建构生态道德的核心意义之所在。

生态价值观正是建立在新的生态道德的基础上,认为"人类属于自然的一部分",是生命共同体中的一员,要求人类应该尊重自然界本身,实行尊重大自然的原则,应该设法和自然和谐相处,而不是单纯地让自然只满足我们的需要,更不是征服和破坏自然。应该尊重其他生命形式的价值和延续性,维护大自然的稳定性、完整性和多样性,从开发利用自然转变到保护、保存自然,在人和自然之间建立起协调关系和伙伴关系。

生态价值观是实现人与自然协调发展的必然价值取向。与可持续发展相比,生态价值观的建构乃是基于对传统人类中心主义的扬弃,基于对人与自然关系的重新认识,特别是对自然价值与权利的新认知。承认自然的价值和权利,是期望在人类面临空前危机的紧迫形势下,重新定位自身的行为方式,改造不合时宜的旧有价值与权利的评判标准,科学而理智地使用自己的权利,使得人能够自主、自觉地承担必要的责任和义务,实现人类与资源、环境的持续生存与发展。仅从这些来看,生态价值观核心伦理内涵是根据现代生态学的观点赋予了自然与人相等同的权利与地位,是一种完全非人类中心主义。生态价值观的产生,将伦理道德的视野扩展到了自然,是对传统伦理道德的补充和升华。[①]

4. 还河流与生俱来的生命活力

河流是有生命的,其生命力来自干流与支流、湖泊、湿地的"血脉"沟通,来自于自由流淌过程中形成的独特系统。河流的形成、发展、演变是一个自然过程,河流

---

① 参见乔刚.生态价值观——人与自然协调发展的必然价值取向[J].消费导刊,2008(9):15-16.

的生命规律不以人类的意志为转移,并对外界行为有着强大的反作用力和规范。人类对河流生命系统的肆意破坏,必将扼杀人类生存所依赖的地球生态系统的生命力。

水是生命之源,河流既是流域内所有生命形式的发源地,也是它们的载体。大量科学研究表明,江、河、湖泊是地球上生产力最高的生态系统之一。河流从源头一路奔泻而下,携带着大量有机质和泥沙,把它们沉积于洪泛平原,形成中下游地区肥沃的土地。人类文明就发源于这样的洪泛平原上。尼罗河、幼发拉底河、底格里斯河、恒河、黄河和长江等流域的人类文明发展历史都记述了这一事实。被誉为"中华民族母亲河"的黄河、长江,不仅是人类的栖居之地,还是流域内所有生命系统的繁衍地。长江流域生物物种占中国所有物种的一半以上。所以,当我们在各种类型的河流上修筑电站、大坝的时候,也应当考虑到这些工程会否给其他生命的生存带来威胁。

近年来,世界自然基金会(WWF)的科学家提出"还河流以生存空间、退田还湖、减少堤坝、重建河流生命网络"的理念,在中国的长江,在欧洲的莱茵河、多瑙河和美洲的密西西比河等许多地方开展了"生命之河"项目,号召人们还给地球健全的生物、化学、水文、生态、文化和经济功能,恢复河流的生命活力,重建人与自然和谐相处的新家园。在科学家看来,全世界都需要"重新定位人与江河的关系"。所幸,可持续发展的理念已逐步深入人心,人们开始深刻反思人与自然的关系,重新审视河流的生命活力,学着尊重和遵循河流自身发展的客观规律,减少人为的干预与破坏,为河流让出空间,让河流永远保持与生俱来的生命和活力。①

案例分析

1. 习近平擘画"绿水青山就是金山银山":划定生态红线

"稻花香里说丰年,听取蛙声一片。"寥寥几句诗,一片自然和谐共生的景象浮现脑海。在人类历史发展进程中,人们越来越清晰认识到,经济社会快速发展决不能以环境的破坏、资源的浪费为代价。面对如何解决经济发展与环境保护兼顾的问题,早在12年前,习近平就提出了"绿水青山就是金山银山"的理念。在福建、浙江等地工作期间,习近平同志通过实地调研,深入基层,深入群众,将理论在实践中进一步深化,在实践中化为现实,提出了"绿水青山就是金山银山"的科学论断。从

---

① 参见李利锋.还河流与生俱来的生命活力,人民网[EB/OL].[2013-11-15]. http://www.people.com.cn/GB/huanbao/1074/1980463.html.

在福建治山治水、推动"绿色浙江"建设一直到担任总书记期间,习近平一直将绿色发展理念贯穿于治国理政思想之中。

"绿水青山就是金山银山"是发展与环境的"舟水关系"。习近平同志长期以来对"绿水青山就是金山银山"的理念有着深刻的认识,在福建、浙江等地工作期间,他将自己的想法付诸地方工作的实践,用行动和事实带动干部群众一起干,改变过去经济发展的老路,使得绿色发展观念深入人心。

"此地有崇山峻岭,茂林修竹"。1989年1月,时任宁德地委书记习近平便提出,闽东经济发展的潜力在于山,兴旺在于林,森林是水库、钱库、粮库。把振兴林业摆上闽东经济发展的战略位置,作为推动闽东经济发展的一个重要载体、抓手,体现了习近平同志实现闽东经济、社会、生态三种效益高度统一的发展观。在福建长汀,习近平对长汀水土流失治理格外倾注心力,开启了大规模治山治水的新篇章。从1996年5月起,他曾先后五次来到长汀。他轻车简从,进村入户,嘘寒问暖,体恤民情,调查研究,深入了解长汀的发展、水土流失治理工作。习近平对长汀水土保持工作一直挂念在心。2000年5月29日,习近平得知长汀正在建设生态园,专程托人送去1 000元,捐种一棵香樟树。在浙江安吉余村,习近平首次明确提出了"绿水青山就是金山银山"的理论。2005年的8月15日,时任浙江省委书记的习近平同志来到了浙江余村进行调研,当听到村里下决心关掉了石矿,停掉了水泥厂,习总书记给予了高度的肯定,称他们这是高明之举。他说,"一定不要再去想走老路,还是要迷恋过去那种发展模式。所以刚才你们讲到下决心停掉一些矿山,这个都是高明之举,绿水青山就是金山银山。我们过去讲既要绿水青山,也要金山银山,实际上绿水青山就是金山银山,本身,它有含金量"。调研余村9天之后,习近平以笔名"哲欣"在《浙江日报》头版"之江新语"栏目中发表《绿水青山也是金山银山》短评,文中指出,我们追求人与自然的和谐,经济与社会的和谐,通俗地讲,就是既要绿水青山,又要金山银山。文中,他还论述了绿水青山与金山银山的辩证关系,"绿水青山可带来金山银山,但金山银山却买不到绿水青山。绿水青山与金山银山既会产生矛盾,又可辩证统一"。

环境如水,发展似舟。水能载舟,亦能覆舟。"绿山青山就是金山银山"科学论断阐述了经济发展与环境保护的"舟水关系"。"我们既要绿水青山,也要金山银山。宁要绿水青山,不要金山银山,而且绿水青山就是金山银山。"2013年9月,习近平在哈萨克斯坦纳扎尔巴耶夫大学发表演讲,向世界传达了中国绿色发展的理念。短短几句话,掷地有声。这三句话从不同角度诠释了经济发展与环境保护之间的辩证统一关系,既有侧重又不可分割,构成了有机整体。

"我们既要绿水青山,也要金山银山。"习近平的论述将"绿水青山"放在"金山银山"前面,反映了两者之间孰轻孰重的关系。在两者的辩证关系上,习近平的认识永远是"干在实处,走在前列"。"金山银山却买不到绿水青山","宁要绿水青山,不要金山银山",这清楚地表达了生态环境优先的态度,在"绿水青山"和"金山银山"发生矛盾时,必须将"绿水青山"放在首位,不能走以"绿水青山"换"金山银山"的老路。这一阐述为经济发展划定了生态保护的红线,亮出了中国绿色发展的决心。在如何利用"绿水青山"带动经济发展,创造"金山银山"的问题上,习近平多次阐述"保护环境就是保护生产力,改善环境就是发展生产力"。2016年9月,习近平在出席G20工商峰会时指出"在新的起点上,我们将坚定不移推动绿色发展,谋求更佳质量效益"[①]。

点评:

> 生态环境保护是功在当代、利在千秋的事业,"绿水青山就是金山银山"是执政理念和方式的深刻变革。人民对环境问题的忧虑,也表达了人类对美好环境发自内心的呼唤。中华文明积淀了丰富的生态智慧,"天人合一""道法自然"的哲理思想都蕴含着质朴睿智的自然观,至今仍给人以深刻警示和启迪。在今天中国的政治语境中,"生态文明"的实质是探求新的发展道路,是解决"中国向何处去"的问题。习近平总书记提出的"绿水青山就是金山银山"理论体现了发展阶段论,对我们来说发展是硬道理,是人类永恒的主题。但不同发展阶段面临的问题是不同的,这就需要科学认识、把握和解决不同发展阶段中的问题。生态是生物与环境构成的有机系统,彼此相互影响,相互制约,在一定时期处于相对稳定的动态平衡状态。人类只有与资源和环境相协调,和睦相处,才能生存和发展,既要金山银山,也要绿水青山。绿水青山就是金山银山,这是发展理念和方式的深刻转变,也是执政理念和方式的深刻变革,这一理念将引领着中国发展迈向新境界。不久的将来,一幅中国生态文明建设的美好画面将出现:天更蓝了、水更清了、地更绿了、城市更美了、人更文明了。

2."硬考核"让地方领导担起治水重责

"效果奇好,超出了我们的预料!"浙江省环保厅厅长徐震兴奋地介绍了一项特别的制度创新。这项制度,便是《浙江省跨行政区域河流交接断面水质保护管理考核办法》(简称《办法》)。跨行政区域河流交接断面水质,主要考核地区的出境水质;考核的指标有3项,分别是高锰酸盐指数、氨氮、总磷。如果这3项指标中有一

---

① 参见姚茜,景玥.习近平擘画"绿水青山就是金山银山":划定生态红线.人民网[EB/OL].[2017-06-05]. http://cpc.people.com.cn/n1/2017/0605/c164113-29316687.html.

第六讲　中国特色社会主义生态文明建设

项劣于入境水质,且考核指标与上年相比变差了,就确定为不合格水质。

按照《办法》,相关部门每月通报水质考核结果,每季度在媒体上公布。考核结果,与市、县(市)政府领导班子和领导干部综合考核评价,建设项目环境影响评价与水资源论证审批、生态环保财力转移支付挂钩,从而有效落实地方政府流域水环境保护责任。

浙江省环保厅曾公布了2011年全省跨行政区域河流交接断面水质的考核结果。因交接断面考核不合格,乐清市、嘉兴市市区、浦江县、永康市四地被通报,除了遭受100万元至500万元不等的重罚外,同时实行区域限批。

这一"限批"之后,各家治水力度陡升:有的县召开了规模空前的全县治水大会,有的县由县委书记带头交上治水保证金……"二季度的检测表明,这几个地方都达标了,要知道,它们可都是多年难啃的骨头啊!"①

点评:

> 我国是一个农业大国,农业生产所必需的水资源分布严重不均,水资源、水环境、水生态与人民群众的生命健康、生活质量、生产发展息息相关,经济的转型升级要以"治水"为突破口。治水作为一个系统工程,必须全面推进治水思路理念、方式方法、体制机制创新,统筹解决好水短缺、水灾害、水生态、水环境等问题。只有把治水作为转型升级最关键的突破口,才能真正走出一条"绿水青山就是金山银山"的发展新路。2012年11月召开的中共十八大,首次把"美丽中国"作为生态文明建设的宏伟目标,把生态文明建设摆在了中国特色社会主义五位一体总体布局的战略位置,水环境保护是生态文明的主阵地,水治理是实施国家生态文明战略的核心,只有生态文明理念和绿色生活方式成为每位公民的自觉选择,生态文明的目标才能逐步成为现实。

生态文明建设的哲学依据②

21世纪的人类需要一场文明的革命。在这场革命中,不仅需要制度变革和科

---

① 参见杭春燕."硬考核"让地方领导担起治水重责[N].新华日报,2012-9-28(12).
② 卢风.生态文明建设的哲学依据[N].光明日报,2013-01-29(11).

技革命,而且需要哲学的革命。真正伟大的哲学是引领文明的哲学。18世纪笛卡尔、康德等人开创的西方现代性哲学之所以伟大,便在于它引领了目前仍在全球扩展的现代工业文明。但是,现代工业文明导致了人类生活世界的双重危机:全人类的生存危机和物质主义的意义危机。如果说现代工业文明创造的辉煌是从未有过的,那么它带来的危机也是从未有过的。在21世纪,人类正面临生死存亡的抉择。我们必须克服现代性哲学的某些错误,实现一次哲学的革命;必须扭转现代工业文明的发展方向,实现一次文明的革命。21世纪的哲学面临着远比笛卡尔、康德时代艰巨复杂的任务。如果说21世纪的哲学必须具有现实性,那么它融入现实的根本途径就是呼唤一种崭新的文明——生态文明,并推动这种崭新文明的建设。

制度变革、科技革命、哲学革命与文明的革命同系于人类生死存亡的命运。哲学的革命就是以生态哲学取代现代性哲学。生态哲学(或生态主义)必须摒弃现代性哲学的如下教条:

(1)简单的、排斥性的主客二分。这一教条把人凸显为唯一的主体和最高存在者,把非人的一切都归入客体,设定主体能以外在于客体的方式认识客体,甚至以外在于自然的方式认识自然。

(2)事实与价值的截然二分。这一教条设定人间秩序与自然秩序无关,伦理学与实证科学(特别是自然科学)无关,对人生意义的理解与对自然的理解无关。

(3)物理主义世界观。这一教条宣称世界就是物理实在的总和,物理学规律是世界的根本规律,一切知识都应该奠定在物理学的基础之上。

(4)逻辑主义认识论。这一教条认为,最重要的认知方法就是逻辑或某一套操作程序,真理的发现与认知者的德行没有本质关系;自然是一本用数学语言写就的巨书,即自然秩序具有逻辑一致性,人类发现的真知(或真理)将逐渐汇聚于一个逻辑一致的体系,并将无限逼近对自然全部奥秘的完全把握。

(5)还原主义方法论。这一教条认为世界万物归根结底都是基本粒子、场等物理实在的组合,认知归根结底就是认知各种事物的基本构成(如基因、分子、原子、基本粒子等)。

(6)个体主义价值观。这一教条认为,个人是独立自主的,个人是最终的权利主体,是价值源泉,是主体性的源头,人权原则是唯一普遍有效的道德原则。

20世纪60—70年代以来,自然科学、自然科学史和哲学研究的新成果日益表明现代性哲学的诸教条都是片面的,有些甚至是独断的、错误的。随着生态学的普及,一种崭新的哲学——生态哲学正在兴起。生态哲学的要点是:

(1)人并不是最高存在者,也不是仅有的主体,大自然才具有绝对的主体性,大自然是人类生存所绝对依赖的终极实在,不同种类的自然物也具有不同程度的主体性。

(2) 事实与价值是相互渗透的,人间秩序是自然秩序的一部分;伦理学与自然科学是可以相互学习、相互借鉴的;生态哲学不能割断与生态学的联系;人类在追求自身的善的过程中必须遵循自然规律,人类对生活意义的理解也依赖于对自然的理解。

(3) 自然是具有创造性的,是运化不已、生生不息、包孕万有的;人不在自然之上,也不在自然之外,而在自然之中;自然永远隐匿着无限奥秘,人类之所知相对于自然所隐匿的奥秘永远只是沧海一粟,自然永远握有惩罚人类的无上力量,人对自然必须心存敬畏。人类还具体地依赖于地球生态系统,必须谋求与生物圈中其他生物的共生共存;人类的物质生产必须限定在生态系统的承载限度之内。

(4) 逻辑和各种科学方法都只是科学认知的必要工具,仅有这套工具不足以发现真理,探究者的德行是获得真理的必要条件之一,求真的真诚是探究真理的必要德行,真诚不是一种逻辑程序,而是一种德行;正因为自然运化不已、生生不息,故把自然奥秘之总和设想为一个内在一致的逻辑体系是荒谬的。人类知识不可能汇聚于一个内在一致的逻辑体系,科学永远是多种多样的。

(5) 不仅作为终极实在的自然是无比复杂的,各种自然物或自然系统也是无比复杂的。事物间的复杂互动关系和事物永无休止的生生灭灭是事物复杂性的表现。还原论只是一种认知事物的简化方法,不能认为世间万物就是依还原论原则构成的。

(6) "实体""关系"都是相对的概念,没有什么绝对的、终极的实体。人既具有个体性,又具有社会性。个人自主性只能在特定文化传统和社群中得以形成。人权原则的有效性并非来自语言结构或逻辑形式,而源自人们共同生活的需要和德行培养。仅有人权原则已不足以应对当今世界的道德争论,须补充源自生态主义的整体和谐原则,才能帮助人们达成建设生态文明的道德共识。

生态哲学批判现代性哲学,审视现代人的生产——生活方式,呼吁文明的革命,呼唤生态文明。生态哲学就是生态文明建设的哲学依据。

然而,文明的革命谈何容易!今天看现代工业文明,有人会说它危机四伏,也有人会说它如日中天。双方都能说出长篇大论,罗列无数证据。但迄今为止,还有许多人不相信存在什么全球性生态危机,也还有不少人相信资本主义是最符合人性的制度,更有人相信科技进步能解决人类发展道路上所遇到的一切难题(包括生态危机)。

实现文明的革命必须先有观念(或思想)的革命。欧洲的现代化历程能证明这一点,中国1978年以来的改革开放也能证明这一点。没有自文艺复兴以降的一次又一次思想解放,就没有欧洲的现代化。正是现代性思想(包括现代哲学)的日趋成熟和日渐深入人心,导致了中世纪文明的衰落和现代工业文明的兴起,即带来了欧洲文明的一次革命。我国始于1978年的"改革开放"虽称不上文明的革命,但确实是一场深刻的社会变革。这场变革显然也是从思想解放开始的,没有始于1978年的"思想解放",就没有30多年的经济快速增长和社会剧变。

因此,人类文明能不能从生态危机中走向生态文明,依赖于一次"新启蒙"。新启蒙的哲学就是生态哲学或生态主义。仅当生态哲学的基本思想通过各种学科、各种渠道、各种媒体而深入人心时,生态文明的曙光才会展现于地平线上。仅当这个世界上信奉生态哲学的人们多于科技万能论者时,生态文明才会水到渠成!

承载人类生态文明的希望①

"我希望并相信通过不懈的努力,APEC蓝能够保持下去。"几个月前,中国领导人习近平在北京以独具魅力的方式讲述"APEC蓝"。透过有力度更有温度的话语,世界读懂中国人心中的美好愿景,感受到中国建设生态文明的坦诚和信心。

留住"APEC蓝",是社会上上下下的热议,更是身边实实在在的行动。

2014年,北京市空气细颗粒物(PM2.5)年均浓度同比下降了4.0%,二氧化硫、氮氧化物指标比2013年平均下降7%以上,成为污染减排幅度最大的一年。几天前的开学典礼上,北京市织染局小学师生们通过"碳排放计算器"换算日常衣食住行的排放量,学习减排知识;成都市龙江路小学分校的孩子们,展出利用废旧物制作的服装、遮阳伞、新型机器人,发出环保倡议……

"一场全社会的环保拉力赛已经揭开序幕!""中国的环保举措初见成效!""中国给世界带来希望。"在许多国际人士眼中,中国信念和中国作为的意义跨越国界。中国,承载着人类生态文明的希望。

中国的生态文明建设,具有得天独厚的传统文化优势。孔子的"智者乐水,仁者乐山"、老子的"道生万物"、庄子的"天人合一"等生态智慧,引领中华民族在保护自然、利用自然中繁衍生息。"不涸泽而渔,不焚林而猎""劝君莫打三春鸟,儿在巢中望母归"等箴言警句,饱含质朴睿智的自然观,为中华民族注入与自然和谐相处的文明基因。

中国的生态文明建设,拥有难以比拟的制度优势。走向生态文明新时代,建设美丽中国,是实现中华民族伟大复兴的中国梦的重要内容。党的十八大把生态文明建设纳入中国特色社会主义事业五位一体总体布局,从10个方面描绘出生态文明建设的宏伟蓝图。

中国的顶层设计,赢得国际舆论广泛赞誉。

"生态文明已上升到中国国家战略的高度!"国际知名生态文明研究专家、美国

---

① 钟声.承载人类生态文明的希望[N].人民日报,2015-03-05(3).

"中美后现代发展研究院"常务副院长王治河感慨不已。美国建设性后现代主义理论的领军人物小约翰·柯布多次表示,尽管世界上不少地方都对生态文明感兴趣,但只有在中国,生态文明建设获得了高度重视。"相比世界其他国家,中国拥有建设生态文明的最好机会。"

能源资源不足、生态环境承载能力不强,这是许多发展中国家面临的发展难题。作为13亿多人口的大国,中国拒绝走西方发达国家先污染、后治理的老路,立足现实探索"蓝天常在,青山常在,绿水常在"的环保新路。美国学者罗伊·莫里森在《2140：一部22世纪的历史和幸存者日记》中写道:"2070年—2090年,中国将在可持续发展方面引领世界。正是中国政府,通过从普通的工业文明社会向以可持续经济增长为特点的生态文明未来转变,昭示和帮助引导世界朝这个方向发展。"

"生态兴则文明兴,生态衰则文明衰"。关注中国生态文明建设进程、瞩望中国生态文明建设成就,世界期待中国为人类可持续发展探寻新路径。

寂静的春天[①](节选)

我们冒着极大的危险竭力把大自然改造得适合我们的心意,但却未能达到目的,这确实是一个令人痛心的讽刺,但是很少有人提及。生物学家波里捷说:"昆虫世界是大自然中最惊人的现象;对昆虫世界来说,没有什么事情是不可能的。"

这种"不可能的事情"现在正在两个领域内发生。通过遗传选择,昆虫正在发生应变以抵抗化学药物,不过现在要谈到的一个更为广泛的问题是,我们使用的化学物质的大举进攻正在削弱环境本身所固有的、阻止昆虫发展的天然防线。

世界各地的报告很清楚地揭示了一个情况,即在用化学物质对昆虫进行了十几年控制之后,那些被认为已在几年前解决了的问题又回过头来折磨我们,而且只要出现一种哪怕数量很不显眼的昆虫,它们也一定会迅速增长到严重成灾的程度。我们已搬起石头砸了自己的脚。

现今一些地方,无视大自然的平衡成了一种流行的做法。今天的自然平衡所面临的状况好像一个正坐在悬崖边上而又盲目蔑视重力定律的人一样危险。人也是这个平衡中的一部分,有时这一平衡对人有利,有时它会变得对人不利,当这一平衡受人本身活动的影响过于频繁时,它总是变得对人不利。

……

---

① 节选自[美]雷切尔·卡逊.寂静的春天[M].吕瑞兰,李长生,译.上海:上海译文出版社,2015:245.

濒临失衡的地球——生态与人类精神[①]（节选）

经过三十多年对于气候危机的不断了解，我有很多的东西想要和大家分享。我力图把故事讲述得能引起各种读者的兴趣。我希望看到我的书或者电影的人们能够开始和我一样感受到，全球变暖不仅仅是一个政治话题，而更是一个道德话题。

虽然必须承认政治有时在该问题的解决中扮演着重要的角色，但我们现在面临的挑战必须完全超越党派界限。所以，无论你是个民主党人还是个共和党人，无论你是否投票选了我，我都希望你能理解我的目标是和你分享我对地球的热爱以及对其命运的担心。这两点不可分离，如果你知道了一切事实，就可以感受到。

我还希望你们能知道，在这场人类共同的危机中，我们面对的不仅仅是警示，同时也是希望。正如很多人所知道的，汉语中"危机"一词有两个意思，一是"危险"，二是"机遇"。

事实上，这是一个真正意义上的全球性危机。一百个国家的两千位科学家在最为精细和组织协调的领域合作了二十多年，达成了共识，即地球上所有的国家必须合作来解决全球变暖的问题。

现在大量证据表明，除非我们大胆而迅速地来处理全球变暖的基本成因问题，我们的世界将遭受一系列可怕的灾难，在大西洋和太平洋会有比"卡特里娜"更猛烈的飓风。

我们使得北极的冰帽融化，事实上，也让高山冰川消融。我们使格陵兰以及西南极洲岛屿上的大面积积雪处于不稳定状态，全球海平面将有上升20英尺（约6米）的危险。

同样受到全球变暖威胁的还包括持续构造稳定的洋流和风流，早在大约一万年以前，在第一批城市建立起来之前，它们就已经存在了。

我们向地球环境中排放了过多的碳氧化物，以至于我们实际上改变了地球和太阳之间的关系。海洋已经吸收了太多的二氧化碳。如果我们以现在的速率继续排放的话，我们将增加海水中碳酸钙的饱和度，以至于珊瑚无法形成，任何海洋生物壳的生成都将受到影响。

全球变暖，还有森林以及其他重要栖息地的砍伐烧毁，使得物种消失的速度可以和6 500万年前恐龙灭绝的速度相比。而那次灾难据说是由巨大的小行星造成的。当今，并没有小行星撞击地球，带来浩劫的正是我们人类自己。

[①] 节选自[美]阿尔·戈尔.濒临失衡的地球——生态与人类精神[M].陈嘉映,译.北京:中央翻译出版社,1997:1.

去年,11个最有影响力的国家科学院联合号召每个国家"承认气候变化的威胁确实存在而且正在升级",并且声明"对气候变化的科学解释已经足够促使各国采取合适的行动"。这一切足以说明,警钟已经敲响,危险已经来临!

为什么我们的领导人们好像没有听到如此清晰的警告呢?简而言之,是否因为他们不愿意听到真相?如果真相不受欢迎,那就很容易被忽视。但是我们从痛苦教训中得知,这样忽视真相的结果很可怕。例如,当我们最早得到警告,由于飓风"卡特里娜"的袭击,新奥尔良的防洪堤将倒塌,但是没有引起注意。之后,国会成员中的一个两党联合组织,由众议员汤姆·戴维斯担任主席,他也是众议院政府改革委员会的主席,在一份官方报告中说道,白宫没有能够对大量的信息做出反应,缺乏环境意识和判断失误,在事实上加剧了飓风"卡特里娜"造成的灾难。

今天,我们听到也看到将有可能发生人类文明史上最可怕的灾难,那就是不断深化的全球气候危机,其危险程度会迅速超过我们所遇到的任何情况。

……

用生态文明的力量托起"美丽中国"①(节选)

人们还记得,5年前的十七大首次提出生态文明建设,5年后的今天,十八大报告将生态文明建设,与经济建设、政治建设、文化建设、社会建设一起,列入"五位一体"总体布局,并用专章论述。生态文明地位的"升格",体现了我们党对生态文明建设更加重视,对生态发展规律的认识更加深刻,也顺应了时代的要求、民意的呼唤。

从"尊重自然、顺应自然、保护自然"的理念,到"融入经济建设、政治建设、文化建设、社会建设各方面和全过程"的指引,再到"绿色发展、低碳发展、循环发展"的路径,十八大所理解和规划的生态文明,早已超越了单纯的节能减排、节约资源、保护环境等问题,而是上升到实现人与自然和谐共生、提升社会文明水平的现代化发展高度,并且体现为工作部署、发展目标、制度设计,涌动着与时俱进、改革创新的生态文明浪潮。

这样的历史性跨越,来自于现实的严峻挑战,人民的强烈期盼。过去的十年,我国工业化突飞猛进,城镇化率突破50%,曾经"暧暧远人村,依依墟里烟"的乡土中国,在推土机、生产线和办公楼的强力推移下,正在成为越来越多人的记忆。然而,当一个世界第二大经济体崛起于东方大地的时候,也日益面临着资源约束趋紧、环境污染严重、生态系统退化等困扰;当国人的钱包日益鼓起来以后,也越来越

---

① 节选自李力言.用生态文明的力量托起"美丽中国".中国共产党新闻网[EB/OL].[2012-11-12]. http://cpc.people.com.cn/pinglun/n/2012/1112/c78779-19549520.html.

深切地体会到,物质丰富并不是生活质量的全部,清新空气、干净的水、宜居环境、放心食品也是幸福的必备元素。而从近年来PM2.5监测在社会关注下出台,到PX项目在一些地方引起的民意波动,更可以发现,人们的环境焦虑、生态期盼也随着经济指数的攀升而日益凸显。

生态文明是中国转型发展大势所趋,也是人民过上更美好生活的民心所向,因此,十八大报告中提出"从源头上扭转生态环境恶化趋势"的目标,提出"给自然留下更多修复空间,给农业留下更多良田,给子孙后代留下天蓝、地绿、水净的美好家园"的愿景,才会引起如此强烈而广泛的共鸣,开启新一轮生态文明建设的热潮。

从优化国土空间开发格局到全面促进资源节约,从加大自然生态系统和环境保护力度,到加强生态文明制度建设,展望未来的生态文明建设,我国将更加尊重自然规律,更加依靠发展方式转变,更加突出制度保障,更加重视全民参与。一个有着"天人合一""道法自然"等文化传统,又对现代工业文明有着深刻省思的民族,将在现代化之路上激发出强大的生态文明力量。

一棵树好栽,而一片森林则不易培育。生态文明重在建设,难在坚持。让我们携起手来,汇聚每一个人的努力,把生态意识体现在日常生活到发展建设的每一个环节,更加自觉地珍爱自然、保护环境,走向生态文明新时代,托起一个山明水秀、天朗气清的美丽中国。

……

1. 生态危机本质上是一个自然问题,还是社会问题?
2. 我国生态文明建设的总体要求是什么?
3. 简述中国应对气候变化若干问题的基本立场、指导思想与原则。
4. 结合生态文明建设的目标和措施,谈谈当今的大学生能够为生态文明做些什么。
5. 在现实生活中为什么会出现先污染后治理的现象?你认为产生这些现象的根本原因是什么?

第七讲　中国特色社会主义领导力量

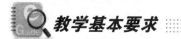

1. 了解中国共产党的领导和党的建设基本理论。
2. 认识全面从严治党的重要性和紧迫性。
3. 了解和把握全面从严治党的战略举措。

一、党的领导和党的建设基本理论

中华民族从沉沦走向复兴，是一个艰苦卓绝波澜壮阔的历程，其最核心的问题是由谁来领导、走什么路。95年来，中国共产党始终走在时代前列，带领人民探索、奋斗、创造、积累，开创、坚持、发展了中国特色社会主义，谱写了中华民族自强不息、顽强奋进的壮丽史诗。党的领导与走社会主义道路是一体的：在党的领导下，必然会坚定不移地走社会主义道路；走中国道路，必须坚持党的领导。历史已经证明并将继续证明：实现中华民族伟大复兴，必须坚持中国共产党的领导，必须坚持走中国特色社会主义道路。

党的领导是中国特色社会主义最本质的特征：近代以后，中国逐步沦为半殖民地半封建国家，一步步陷入民族危机的灾难中。为了寻找救国救民道路，各种主义和思潮纷纷进行过尝试，但都失败了。中国共产党的诞生，改变了中华民族的命运。我们党选择了马克思主义、选择了社会主义道路，领导人民完成了新民主主义革命，建立了新中国，奠定了在中国建设社会主义的政权基础；完成了社会主义革命，确立了社会主义基本制度并取得了社会主义建设的巨大成就；进行了改革开放新的伟大革命，成功开创和发展了中国特色社会主义。在这条道路上，我们国家快速发展起来，中华民族大踏步赶上时代前进潮流，民族复兴的中国梦展现出前所未有的光明前景。中国特色社会主义,承载着几代中国共产党人的理想和探索,凝聚着千万共产党人的奋斗和牺牲。历史充分证明,没有共产党,就没有中国特色社会主义,就没有中国今天的繁荣和富强。习近平同志指出:中国特色社会主义道路是近代以来中国人民对其他救国途径的尝试全部碰壁之后做出的历史性选择,是中国共产党和人民历尽千辛万苦、付出巨大代价取得的根本成就。

中国特色社会主义是在党的领导下开创和发展起来的,也只有在党的领导下才能继续推进。现在,我们已站在一个新的历史起点,开启了新的奋斗征程,在中国特色社会主义道路上实现"两个一百年"奋斗目标,实现中华民族伟大复兴的中国梦,不知还要爬多少坡、过多少坎、经历多少风风雨雨、克服多少艰难险阻。完成光荣艰巨的历史使命,战胜前进道路上的风险挑战,从根本上讲还是要靠党的领导、靠党把好方向盘。党的领导坚强有力,国家就繁荣稳定,人民就幸福安康。正如习近平同志强调的那样:办好中国的事情,关键在党;进行具有许多新的历史特点的伟大斗争,实现党的十八大确定的各项目标任务,关键在党;夺取全面建成小康社会决胜阶段的伟大胜利,关键在党;实现中华民族伟大复兴,关键在党。总之,把中国特色社会主义这篇大文章继续写好、写精彩,关键在党。

历史和现实都告诉我们,坚持党的领导是党和国家的根本所在、命脉所在,是全国各族人民的利益所系、幸福所系,是中华民族的命运所系。有了中国共产党执政,是中国、中国人民、中华民族的一大幸事。在坚持党的领导这个重大原则问题上,我们脑子要特别清醒、眼睛要特别明亮、立场要特别坚定,绝不能有任何含糊和动摇。

党的领导的内容和方式:中国共产党的领导地位,决定了党的领导包括政治、思想和组织的领导,涉及国家政权、社会团体和党组织内部。党的领导方式与党的执政方式密切相关,二者的区别在于:领导方式并不一定与国家权力联系在一起,而执政方式必定与国家权力联系在一起。人们习惯把党的领导方式和执政方式并称,还凸显了党对国家政权的领导方式与党对社会的领导方式的不同。党的领导方式包含党的执政方式,并且决定着党的执政方式;党的执政方式是党的领导方式的重心,是领导方式的最重要的体现。《中共中央关于加强党的执政能力建设的决定》中提出:按照党总揽全局、协调各方的原则,改革和完善党的领导方式。发挥党委对同级人大、政府、政协等各种组织的领导核心作用,发挥这些组织中党组的领导核心作用。加强和改进党对工会、共青团、妇联等人民团体及各类群众团体的领导,支持他们依照法律和章程独立自主地开展工作,充分发挥他们联系群众的桥梁和纽带作用。

执政党建设理论的主要内容:新中国成立以来特别是改革开放以来,中国共产党在执政和肩负新的历史任务的情况下,围绕建设什么样的党、怎样建设党这个重大课题,不断总结和运用自身建设正反两方面经验,借鉴世界上一些执政党兴衰成败的经验教训,不断深化对马克思主义执政党建设规律的认识,形成和发展了中国化马克思主义执政党建设理论。这一理论主要包括关于推进伟大事业和伟大工程的理论,关于把思想理论建设放在首位的理论,关于加强党的执政能力建设和先进性、纯洁性建设的理论,关于立党为公、执政为民的理论,关于以改革创新精神加强党的建设的理论和全面从严治党的理论。

二、党的建设面临的新课题新考验

中国共产党领导下,特别强调党的组织建设、思想建设、作风建设,并把党建工作作为政治建设的第一要务来抓,党的十八大没有回避这些问题,指出在新形势下,党面临以下四大考验:(1)执政考验。革命战争年代,我党作为革命党的任务是打破旧秩序,建立新政权。而到了和平时期,我党作为执政党,身上的担子更重,责任更大。尤其对于执政权力,如何利用好手中的权力,让权力为人民服务成为当务之急。"把权力装进笼子里",要使它发挥正能量,是我党要坚持的原则,也是我党肩上的责任。(2)改革开放考验。随着改革开放的深入,人民生活水平有了显著的提高。社会建设有了长足的进步,但是改革开放的考验也接踵而至。我党不但要坚持改革开放,走中国特色社会主义道路,还要处理好改革开放中体制机制的大转轨、大变革。(3)市场经济考验。市场经济中最大的考验就是利益经济、交换经济,我党必须要处理好利益分配,才能使群众生活过。(4)外部环境考验。在经济全球化及我国加入WTO的背景下,我们既要尽到自己的职责,防止个别的组织对我国有不良企图的同时还要维护自身的利益。同时必须克服精神懈怠、能力不足、脱离群众和消极腐败"四个危险",增强忧患意识、创新意识、宗旨意识和使命意识。

三、全面从严治党

中国特色社会主义是我们党领导的伟大事业,全面推进党的建设新的伟大工程,是这一伟大事业取得胜利的关键所在。党坚强有力,事业才能兴旺发达,国家才能繁荣稳定,人民才能幸福安康。党的十八大以来,我们党坚持党要管党、从严治党,凝心聚力、直击积弊、扶正祛邪,党的建设开创新局面,党风政风呈现新气象。习近平总书记围绕从严管党治党提出一系列新的重要思想,为全面推进党的建设新的伟大工程进一步指明了方向。包括坚持思想建党和制度治党紧密结合,巩固党执政的组织基础,坚定不移地推进党风廉政建设和反腐败斗争;严明党的政治纪律和政治规矩。

党的十八大以来,着眼于锻造更加坚强的中国特色社会主义事业领导核心,以习近平同志为总书记的党中央,饱含强烈历史责任感和深沉使命忧患感,以巨大的政治勇气和担当精神,亮剑党内存在的突出问题,开启全面从严治党新征程,引领党的建设新的伟大工程迈向新境界,为党和国家各项事业发展提供最坚强、最根本的政治保证。党中央对形势的判断没有变、旗帜立场不会变,我们的目标任务就不能变。从"严峻复杂"的形势走出来,就要保持坚强政治定力,不为任何风险所惧、不被任何干扰所惑,坚持有静气、不刮风、不搞运动,一步一个脚印向前走,踩着不变的步伐,以永远在路上的精神,坚定不移推进党风廉政建设和反腐败斗争,坚定不移推进全面从严治党,坚决打赢这场输不起也决不能输的战斗。

加强纪律建设是全面从严治党的治本之策,是党中央探索得出的又一重要规律性认识。在坚决惩治腐败分子的过程中,对问题追根溯源,一个个案例深刻揭示:"破法"必先"破纪",党员干部沦为腐败分子,往往是从违反纪律、破坏规矩开始的。"小洞不补、大洞吃苦",导致"要么是好同志,要么是阶下囚"。对此,中央明确提出,要把纪律和规矩挺在法律前面,坚持纪严于法、纪在法前,实现纪法分开,从源头上阻断不正之风和腐败滋生的通道;要实践监督执纪"四种形态",让惩前毖后、治病救人方针真正贯彻落实,用纪律管住全体党员。这是思想认识的飞跃,是管党治党的重大理念创新,为管党治党走向标本兼治提供了现实路径。

理论探讨

核心观点:2012年,党的十八大报告明确提出:我们党担负着团结带领人民全面建成小康社会、推进社会主义现代化、实现中华民族伟大复兴的重任。党坚强有力,党同人民保持血肉联系,国家就繁荣稳定,人民就幸福安康。形势的发展、事业的开拓、人民的期待,都要求我们以改革创新精神全面推进党的建设新的伟大工程,全面提高党的建设科学化水平。

全党必须牢记,只有植根人民、造福人民,党才能始终立于不败之地;只有居安思危、勇于进取,党才能始终走在时代前列。新形势下,党面临的执政考验、改革开放考验、市场经济考验、外部环境考验是长期的、复杂的、严峻的,精神懈怠危险、能力不足危险、脱离群众危险、消极腐败危险更加尖锐地摆在全党面前。不断提高党的领导水平和执政水平、提高拒腐防变和抵御风险能力,是党巩固执政地位、实现执政使命必须解决好的重大课题。全党要增强紧迫感和责任感,牢牢把握加强党的执政能力建设、先进性和纯洁性建设这条主线,坚持解放思想、改革创新,坚持党要管党、从严治党,全面加强党的思想建设、组织建设、作风建设、反腐倡廉建设、制度建设,增强自我净化、自我完善、自我革新、自我提高能力,建设学习型、服务型、创新型的马克思主义执政党,确保党始终成为中国特色社会主义事业的坚强领导核心。

十八大报告在总结新世纪新阶段党的建设新鲜经验的基础上,提出了党的建设的总体要求,这一总体要求阐明了党的建设的一条主线、两个坚持、五个建设、四自能力和一个目标。其中,有三个方面值得特别注意:一是强调以执政能力建设、先进性和纯洁性建设为主线。二是强调提高党"自我净化、自我完善、自我革新、自我提高"的能力,这是坚持改革创新精神、加强党的自身建设的体现,也是保持党的先进性和纯洁性的必然要求,体现了我们党在加强党的作风建设上的高度自觉。三是强调建设学习型、服务型、创新型的马克思主义执政党,这是从另一个角度对党的建设的总目标提出新要求。党的建设总目标主要是要解决"建设一个什么样的党"的问题。

正确把握和运用马克思主义政党建设规律,不断提高党的建设科学化水平,是马克思主义政党建设的基本要求,也是我们党90多年来一以贯之的自觉追求。

观点纷呈:

1. 西方的政党发展理论

西方的政党发展理论已经有300多年的历史,其间政党经历了几次重大的转型:其一是发生在19世纪上半叶的从议会内的政党向群众性的政党转型。随着选举权的扩大,原来主要在议会内活动的资产阶级政党纷纷建立基层组织,扩大党的规模,以增强政党的影响力和竞争力。与此同时,革命的无产阶级政党也在这段时间出现,无产阶级政党一开始产生就是典型的群众性的政党。其二是战后世界各国纷纷立法规范政党的运作,试图控制政党的腐败现象和寡头化倾向,并以此限制体制外政党如纳粹党和共产党的发展。一些传统的体制外的政党渐渐被纳入资本主义的政党政治框架,改变党的纲领和组织,变成体制内的政党如社会民主党和西方的共产党。其三是20世纪六七十年代以来,随着社会分层的多样化和大众传媒的发展,传统的群众性的政党组织和意识形态论争越来越不能满足政党竞选的需要。政党的意识形态出现了明显的中间化趋势,政党领袖更多地依赖现代传媒直接面向大众,政党组织的政治动员功能弱化,党员老龄化,政党规模缩小,政党出现了空心化的现象。一些传统的群众性的政党正在向所谓大众化的政党演变。[①]

2. 执政党的任务与意识形态

执政党任务的变化,要求党的意识形态更加具有灵活性和包容性。执政党的任务是推动经济社会发展。为此,执政党必须尽可能地赢得最广大人民群众的支

---

① 朱昔群.政党科学与政党政治科学化[M].北京:中央编译出版社,2015:65-66.

持。要得到这种支持,政党自然要努力表达他们的利益、愿望和要求。但是,不同的阶层和群体,在利益、愿望和要求方面也不会完全相同,有时甚至会是矛盾的。政党的一项重要功能,就是把这些并不完全和谐的东西整合在一起,使它们变得大体一致,至少不自相矛盾。体现在执政党的意识形态上,就要求它更具有灵活性和包容性。

意识形态的灵活性和包容性,具体说有两个方面。一方面,从内容上讲,党的意识形态应能够反映更多群体的利益、愿望和要求。当然,这并不意味着我们党要淡化自己的阶级性。其实,作为工人阶级政党,共产党的阶级性本身就包含着广泛的代表性。因为工人阶级的历史使命就是解放全人类。只有解放全人类,才能最后解放工人阶级自己。过去我们把两者对立起来,似乎强调阶级性、先进性,就不能讲群众性,一讲群众性,就是抹杀阶级性、先进性,这是十分片面的[①]。另一方面,从特性上讲,党的意识形态应当是辩证、灵活、务实的,而不应是僵化、保守、脱离实际的。意识形态不能脱离党的任务而存在,其内容应当随着实践和党的任务的变化而变化。意识形态僵硬、缺乏弹性,往往使党从思想观念上难以适应变化的形势和环境,失去对人民群众的吸引力。只有保持实事求是、与时俱进的理论品质,不断进行理论创新,党的意识形态才具有生命力。

3. 马克思主义政党就要旗帜鲜明地讲政治

旗帜鲜明地讲政治,总体来说就是要强化政治意识,就是要在瞬息万变、错综复杂的形势下保持清醒的政治头脑,坚持正确的政治方向,坚定共产党人的理想信念,具有正确的政治思想、坚定的政治立场、敏锐的政治洞察力和鉴别力,严格遵守政治纪律和政治规矩。

讲政治,就要学习马克思主义基本原理,牢固树立马克思主义世界观、人生观和价值观,坚定正确的理想信念,永远坚守共产党人的政治灵魂。我们党是马克思主义政党,必须讲马克思主义的政治,讲中国特色社会主义的政治,讲实现、维护、发展人民群众利益的政治。政治上的清醒来源于理论上的坚定。提高党员、干部的政治素质,关键是要提高马克思主义政治素质。没有这个政治的灵魂,就不可能成为一名合格的党员,就不可能成为一名清醒的合格的党的领导干部,就不可能成为一名清醒的合格的中国特色社会主义事业的建设者和领导者。习近平总书记多次指出,马克思主义基本理论是共产党人的看家本领,马克思主义信仰、社会主义和共产主义信念是共产党人的命脉和灵魂,坚定的理想信念始终是党员、干部站稳政治立场、抵御各种诱惑的决定性因素。要通过学习马克思主义基本原理,树立马克思主义世界观、人生观和价值观,坚定共产主义远大理想和中国特色社会主义共

---

① 五长江.提高党的建设科学化水平[M].北京:中共中央党校出版社,2010:35-36.

第七讲　中国特色社会主义领导力量

同理想,始终保持共产党人革命本色和浩然正气。①

4. 加强政党协商与推进国家治理现代化

近现代中国政党生长为实现民族独立和国家统一而斗争的时代环境,权力争夺从来就不是政党关系的焦点。中国共产党团结各民主党派和民主人士,结成了命运共同体关系,奠定了政党协商的历史基础。改革开放新时期,中国发展的现实凸显了国家治理现代转型的要求,国家治理现代化需要政党参与始终在场。以加强政党协商提高政党参与的水平,以推动政党参与保证政党协商的质量,构成当代中国国家治理现代化向前迈进的重大任务。政党协商作为中国政治实践中早已形成的历史形式,完善和发展社会主义协商民主必须把政党协商有机地嵌入到推进国家治理现代化之中。②

1. 全面从严治党　下落马官员:机关算尽终"翻船"③

近日,广西壮族自治区北海市水产畜牧兽医局原党组书记、局长陈全彪因严重违反政治纪律、组织纪律、廉洁纪律、工作纪律、生活纪律,涉案金额巨大,被开除党籍和公职,并移送司法机关依法处理,在当地引起轰动。

该案成功查处后,北海市纪委迅速启动"一案双查",对履行监督责任不力的驻市水产畜牧兽医局纪检组长李松山进行责任追究,并以陈全彪一案为典型在该局召开警示教育大会,12 名党员干部受到触动,主动向市纪委讲清问题,退缴违纪款 80 多万元。

所有找他办事的人,都要到他开办的天成轩"喝茶聊天"

被当地群众戏称为"五毒局长"的陈全彪,1964 年出生,从上海水产学院毕业后做过工人,当过水产公司经理。1996 年,32 岁的他已是一名副处级领导干部;35 岁即提任北海市水产系统正处级领导干部,在当时的党政机关可谓凤毛麟角,前途一片光明。

2008 年,陈全彪任北海市水产畜牧兽医局副局长兼市渔政渔港监督支队支队长,虽然是个副职,但已得到不少人的"仰慕"。这年春节前的一个上午,一名下属来到他办公室汇报工作,临走前悄悄塞给他一个信封,说春节到了,按照惯例,提前

---

① 龚云.马克思主义政党就要旗帜鲜明地讲政治[J].红旗文稿,2017(7):12-14.
② 齐卫平.加强政党协商与推进国家治理现代化[J].社会科学,2017(4):26-33.
③ 资料来源:中国纪检监察报[N],2017-06-28(2).

给小孩一点压岁钱。就在这天上午,连续来了四个人,不约而同地给陈全彪奉上了红包,共计 4 万元。

"退?可春节快到了,正是需要钱的时候,这些钱相当于自己一年工资。不退?纪委刚发文强调廉洁过节,被查到就完了。"陈全彪虽有心理斗争,但最终敌不过金钱的诱惑,他麻痹自己说"先放我这,以后再退",就这样把钱收下了。

自那时起,一条烟、一张卡在他眼里开始不算什么,收受一万两万的礼品礼金,也从忐忑不安到心安理得,从半推半就到主动索取。

2012 年初,陈全彪与他人合伙违规在本单位门口的铺面成立北海市天成轩商贸有限公司,表面经营烟、酒、茶,实际大搞权钱交易、权色交易。所有找他办事的人,都被他约到天成轩"喝茶聊天",消费少则千元,多则万元。直至 2014 年 7 月公司解散,共赚取利润 10 万元。

执纪人员在审查过程中查看陈全彪的笔记本,上面写的既不是学习心得,也不是业务知识,而是"葡萄美酒夜光杯,金钱美女一大堆"等一组组充斥着低级趣味的打油诗。满脑子财与色,正是陈全彪内心的真实写照。也正因为被邪念占据了头脑,他在违纪违法的路上越走越远,直至身败名裂。

处心积虑培养亲信,严重败坏单位风气

掉进钱眼里的陈全彪,胃口越来越大,开始处心积虑地为自己的晋升规划"路线图",频繁调整单位人事,想方设法拉拢"志同道合"的人助其敛财。

"虽然我是个副职,但我手中有权,手中有权就有钱,我要借鸡生蛋,把单位的一把手宝座弄到手才会大展宏图。"2009 年的一次饭局上,陈全彪毫无顾忌地对时任市渔政渔港监督支队地角大队大队长梁家禄表明自己的"雄心壮志"。正琢磨怎么巴结陈全彪的梁家禄心领神会,2009 年至 2011 年间,每年送 10 万元给陈全彪用于跑官。陈全彪顺利当上局长后,自然不会忘了鞍前马后的"兄弟"。为"答谢"梁家禄,先是把他调整为渔政渔港监督支队渔船渔港监督管理科科长兼市渔业船舶检验局局长。2015 年 9 月,不顾分管领导反对,把已被法院列为失信人员的梁家禄任命为市渔政渔港监督支队副支队长兼市渔业船舶检验局局长。梁家禄对此感恩戴德,更加卖力地为陈全彪攫取利益。

有了"榜样",北海市渔政渔港监督支队铁山港大队原副大队长卢飞龙有样学样,于 2009 年至 2011 年期间多次送礼给陈全彪。陈全彪果然如其所愿,提拔他为铁山港大队大队长。2014 年,卢飞龙因徇私舞弊导致休渔期不法渔民偷捕,被中央电视台两次曝光,影响恶劣,市渔政渔港监督支队书面请示免去其大队长职务,但陈全彪依然不顾反对,继续让卢飞龙留任。最终,卢飞龙因徇私舞弊罪被法院判处有期徒刑。

除了培养亲信,陈全彪还处心积虑调配干部。一些干部在关键岗位尝到"甜头"后,如不主动"表示"就会被立即调离。他还经常从下属单位借调人员,让他们看到被调入的希望,但又不会真正被调入,只有给其送礼后方才"考虑考虑"。

一些干部看到陈全彪喜欢钱,也纷纷上门表示"心意"。2009年起,陈全彪利用职务便利,多次收受下属及管理和服务对象等16人所送的礼金,共计166万元。

上梁不正下梁歪。这种"拿人钱财,替人办事"的"潜规则",在陈全彪管辖的范围内成了公开的秘密。执纪人员告诉笔者,自陈全彪2014年5月担任市水产畜牧兽医局党组书记以来,该局共有14名工作人员因违纪被给予党纪政纪处分,多人被追究刑事责任。

想"干一票大的",疯狂侵吞渔船更新改造补贴

2012年起,国家每年安排北海市渔船更新改造补贴1亿多元,每艘船补贴200万至450万元,补贴方式为先建后补。面对如此庞大的财政专项资金,欲望膨胀的陈全彪决定要"干一票大的"。

2014年,广西渔轮厂原厂长钟汝康同老乡陆秋明以本人或亲属的名义成立多家渔业公司,并邀陈全彪入伙。经三人商议决定,陆秋明负责找船主办理更新改造项目,以渔业公司名义申报项目;钟汝康负责项目编制,实施造船项目;陈全彪负责找水产畜牧兽医局相关人员打招呼,加快办理;所收费用扣减成本后由三人均分。为防止船主中途反悔,三人还以渔业公司名义与船主签订了陈全彪"精心修改"后的《渔船更新改造合作协议书》。直至案发时,陈全彪等人为24艘渔船申请渔船更新改造补贴,共收取好处费1000多万元,陆秋明用这些钱购买了6艘渔船,其中陈全彪分得60万元。

除了在渔船更新改造中攫取巨额利润,陈全彪还在渔船拆解中"主动出击"。2013年上半年,陈全彪与陆秋明合谋,由陆秋明充当说客,积极寻找"客户",陈全彪利用职务便利,帮助不符合拆解条件、有证无船的船东或不愿意将旧船拆解的船主进行渔船假拆,收受船主财物作为好处费。至案发,为船主办理18艘渔船假拆,从中收取好处费共815万元,陈全彪从中分得532万元。

执迷不悟对抗审查,弄巧成拙被严惩

再狡猾的狐狸也有露出尾巴的时候。2016年4月,陆秋明因涉嫌犯罪被检察机关立案侦查,陈全彪顿时乱了阵脚,连忙指使钟汝康找人疏通关系,企图平息陆秋明被抓事件。为稳妥起见,陈全彪更是立刻通知妻子、儿子等人连夜从苏州赶到北海,将存放在出租屋内的300多万元赃款进行转移。

2016年4月26日,广西壮族自治区北海市纪委在市水产畜牧兽医局召开全体干部警示教育大会,通报梁家禄严重违纪问题。在迎接市纪委工作人员时,陈全彪连连表示"歉意":"梁家禄出事,我作为一把手有责任,没管好干部带好队伍。"

陈全彪没想到,接下来还有更劲爆的消息等着他——当全体人员坐好后,市纪委工作人员宣布,陈全彪涉嫌严重违纪接受组织审查。会场顿时鸦雀无声,陈全彪双眼充满恐惧,脸色发白,全身发抖,被执纪人员从会场带走。事后,陈全彪坦言:"那一刻太出乎我意料了,顿时感觉灵魂都已经不在了,大脑一片空白,万万没有想到会有这一幕,会场下都是我领导的人啊!一下子打乱了预先的防调查心理准备。"

接受组织审查期间,陈全彪依然心存侥幸,抱着与组织对抗到底的心思,拒不配合,顾左右而言他。可他严重低估了组织惩处腐败问题的决心。在多个部门的配合下,他的严重违纪问题像剥洋葱一样被层层查清。在扎实的证据面前,自以为做得天衣无缝的陈全彪,思想防线彻底瓦解,逐步交代了违纪事实。

点评:

(1) 陈全彪案是北海市有史以来查处涉案金额最大的违纪案件。其违纪行为始于2009年,止于2016年,时间长达七年之久,且主要问题发生在2013年以后,是典型的党的十八大后不收敛、不收手。

陈全彪身为党员,本应廉洁自律,却满脑子都是财色;身为单位一把手,本该认真履职,却把单位当企业来经营;身为管党治党第一责任人,本该从严管理干部,却自身不正且带坏一批干部;身为人民公仆,本应为国家惠民资金的发放严把关口,却与不法商人内外勾结,疯狂敛财,影响恶劣。

当前领导干部违法乱纪问题形成的原因是领导干部自身存在问题,部分领导干部个人私欲膨胀,权欲思想严重。一是腐朽思想侵蚀。在我国长达两千多年封建社会所造成的影响流毒甚深,特权思想、等级观念、裙带意识等封建积习远未肃清。"千里做官为钱来""不为发财,做官何来"的腐朽思想意识依然存在。二是个人私欲膨胀,宗旨意识淡化。领导干部违法乱纪,主要是他们的价值观、利益观、权力观发生了偏差,个人主义、拜金主义、享乐主义恶性膨胀。他们没有树立正确的价值观、利益观和权力观,变"公仆"为主人,不是全心全意为人民服务,而是为个人、家庭或小集团谋私利,他们索贿受贿疯狂敛财。

(2) 反腐败体制机制不够完善。一是对党员干部的教育管理机制不够不完善,教育管理的内容和方式不适应形势发展的要求和党员思想变化的实际,缺乏针对性和实效性。二是制度建设存在不足。一些领域腐败现象频发多发,多数与相关的法律法规和管理体制不健全不完善有关。据统计,1996年以来,全国有13个省交通厅(局)的28名厅局级干部因经济问题被查处,有的甚至前"腐"后继,连续几任厅长出问题,这就明显与投融资体制、招投标制度、行政审批制度和干部人事制度等方面存在的漏洞和制度执行不力有关。三是监督机制不畅。监督的缺失和不到位,使得一些人有恃无恐。有的卖官鬻爵、收受贿赂长达数年,却长期未能发现。特别是领导干部权力过大,存在上级监督不到、下级监督不了、同级监督不好、群众无法监督的现状。

(3) 监督乏力,制约不够。从已经公布的领导干部违法乱纪案件来看,在对领导干部的管理检查上存在着形式主义,打不开情面,监而不管,督而不查的现象,甚至有时忽视了管理和监督,导致有的领导干部已存在违法乱纪行为未被及时发现,使其越陷越深。一是现行地方纪检监察部门受双重领导,实际只受同级领导,当地党委政府可以决定纪检监察部门工作人员的升降去留,这对查处违法乱纪案件十分不利。特别是对"一把手"监督难以到位,导致"一把手"腐败问题非常突出,而"一把手"腐败往往带动了其他官员的腐败问题。二是干部人事制度缺乏公开、不民主。不良的竞争机制,为跑官要官、买官卖官提供了机会,同时又成为派生其他腐败的源头。三是财政管理体制不健全,资金监管不力。例如,"小金库"事实上成为腐败现象滋生的重要经济源头。

(4) 执行不严,惩处力度不够,执纪执法不严。少数单位执行纪律并没有真正落实,有失之于软、失之于宽的现象。少数单位领导在是非面前不是当铁匠、动真格,而是当木匠、当和事佬,和稀泥。还有的以"家丑不可外扬"、"维护党和政府的形象"为借口,使犯错误的干部逃避追查。

2. 反腐高手的帝王:宋真宗赵恒反腐[①]

无论在哪一个朝代,还是在哪一个国家,老百姓们最痛恨的都是官员的腐败问题。一个政治清明的国家在整肃吏治方面肯定是颇有建树的,而一个反腐倡廉卓有成效的国家也绝对会是个强大和谐的国家。俗话说"观社会更替、明盛衰之理,乃有资于治"。在当今世界各国政府均以反腐倡廉为中心的形势下,我们回首历史,以古为鉴,不无裨益。

在中国五千多年浩瀚的历史长河中,要说哪位皇帝反腐最狠,那肯定是明太祖朱元璋,他制定颁布的《大明律》堪称史上最严酷之法,明朝对官吏贪污腐败的处罚

---

① 寻历史.反腐高手的帝王:宋真宗赵恒反腐[EB/OL].[2016-08-19]. http://www.xunlishi.com/ls/hdgs/40105.html.

力度也特别重,甚至可以说达到了令人瞠目结舌、匪夷所思的地步。腐败代价之大,今人看来,仍不寒而栗。然而,如此严刑却阻挡不了明朝官员前仆后继的腐败步伐,朱元璋的反腐政策确实成效一般。那么,谁是中国古代皇帝中反腐倡廉的第一高手呢?

他就是宋真宗赵恒。宋真宗是个诗人,脍炙人口的"书中自有千钟粟""书中自有黄金屋""书中自有颜如玉"等就是出自他的名篇《励学篇》。不仅如此,宋真宗还是个有作为的明君。他在位25年,治理有方,北宋的统治日益稳定,国家管理日益完善,社会经济繁荣,国家强盛,史称"咸平之治"。他统治的时期,画家张择端用流芳百世的《清明上河图》来表达对当时因家的千秋歌颂;法国思想家伏尔泰赞誉:中国是举世最优美、最古老、最广大、人口最多、治理最好的国家。这个伟大的时代,将北宋王朝推向中国封建社会的巅峰。而它的缔造,得益于宋真宗卓有成效的反腐倡廉的举措。

一个必须注意的事实是:尽管北宋的面积、人口、资源都和唐朝差得多,但北宋经济繁荣,边贸红火,贡赋通达,税收富足,这些是唐朝无法比拟的。遇到风调雨顺的好年景时,岁入是唐朝的七倍;即便灾害频仍,岁入也是大唐的三倍左右。那时,宋朝富甲天下,经济总量占世界的80%,其一年的铸钱量最高可达五百万贯。面对这样的巨大诱惑,北宋时期官员的贪污腐败的现象却大幅减少,尤其是与相距较近的唐朝、明朝相比,更是稀少。这是为什么呢?

首先,宋真宗有一个传诸后世的良好的廉政理念。他颁布了告诫百官的《文武七条》:一是清心,要平心待物,不为自己的喜怒爱憎而左右政事。二是奉公,要公平正直,自身廉洁。三是修德,要以德服人,而不是以势压人。四是务实,不要贪图虚名。五是明察,要勤于体察民情,不要苛税和刑罚不公正。六是勤课,要勤于政事和农桑之务。七是革弊,要努力革除各种弊端。这《文武七条》均是廉政之举,是统治者的苦心孤诣的安排,也是老百姓们的热切期望。在宋真宗看来,"清心""修德"就是廉政的源头,就能实现"德治"。然而,这样的廉政理念,如果没有与之相对应的管理制度,那也只能是水中花、镜中月而已。

其次,宋朝有一整套严谨有效的官员选拔任用制度。宋代严明赏罚,官员有试用期,试用官员转正要有若干名正式官员保举,按规定,官员不得保举曾犯有贪污罪的官员转正。宋朝允许在职官员参加科举考试,考中者可提前转正或越级提拔,但曾犯有贪污罪者不许参加科举考试。又规定,凡重要职务和接触钱财的职务,一律不允许曾犯贪污罪者担任。宋朝官员通常定期升级,但曾犯贪污罪的官员升迁则举步维艰。一个官员若犯贪污罪,其上司、曾荐举过他的官员都要受到处罚。这

第七讲　中国特色社会主义领导力量

使得上司很注意防范下属犯贪污罪,荐举者很关心被荐举者的德行,这样,只有才德兼备者才能被选拔进入官员队伍,自然而然,官员的贪污行为也就相应减少。

同时,宋代吏部还建立了官员档案,凡犯贪污罪者都记录在案。宋代还规定,这些犯罪者,每次晋级或调动职务时,都要向吏部主动申报自己曾犯过贪污罪,并规定,此类官员不得随意更改姓名。这样的规定,动员了上上下下各方面的监督力量,杜绝了贪污腐败者上升的空间,并将他们置于严密的监管体系中,避免了他们再次搞腐败的可能。

第三,建立了一套监察官员的渎职惩处制度、选拔的标准和职务回避制度。宋朝对具有纪委职责的监察官员有着严格的规定,甚至监察官违反出巡制度都要遭受处罚。还特别规定了监察官失察、自身贪暴受惩处的制度。对于失察的监察官,宋真宗实行严厉的处罚。史载,王曙为河北转运使,"坐部吏受赇,降知寿州";张观任解州通判,因"盐池吏以赃败,坐失举劾",被降监河中府税;河北路走马承受使臣悉代之,"坐不察边肃贪纵故也"。

据有关史籍的记载,宋朝监察官员台官(御史)的选拔,有严格的标准:首先要"鲠亮敢言",廉洁无私,纠弹不避权贵。其次要有较高的文化素质和从政的实践经验。宋朝规定,台官"于太常博士以上,中行员外郎以下举充",强调举具有基层实践经验的官员充当御史。三是实行官亲回避制度。凡宰执所荐之人,宰执子弟,亲戚和属官,一概不得充任台官。宰执不得荐举御史,宰执所荐之人不得为御史,以及与宰执有亲嫌、同乡关系或为其属官者也不得任御史。因为宰相奏举御史,御史必然与宰相结党营私,把朝政搞得乌烟瘴气。这正是宋朝三令五申不准宰执奏举御史的原因所在。

因为这些廉政举措,宋真宗和他的后来者们创造了一个政治清明、物质文明与精神文明双丰收的宋王朝。名传后世的清官包拯就是产生在宋真宗统治的时代,这也从一个侧面表现了宋真宗廉政建设的成效。伏尔泰说:"我们不能像中国人一样,真是大不幸!"放眼我们的社会,如果我们不能借宋真宗的前车之鉴,那么恐怕这才是我们的大不幸!

点评:

> 宋真宗的反腐倡廉值得我们借鉴:既要标本兼治又不能操之过急;从关乎老百姓的民生问题——房价、医疗、教育入手整治;整治过程中涉及的腐败官员要进行严惩,对公职人员加强教育和培训,充分调动公职人员的积极性。

党的领导是中国特色社会主义最本质的特征[①]

中国特色社会主义有很多特点和特征,但最本质的特征是坚持中国共产党领导。本质特征是一个事物区别于其他事物最显著的标志。党的十八大全面阐述中国特色社会主义道路、理论体系、制度,阐述中国特色社会主义的基本要求,讲的都是中国特色社会主义的重要特征。现在,习近平同志进一步对中国特色社会主义的本质特征做出精辟概括,表明我们党对这个问题的认识又大大深化了。

"中国共产党的领导是中国特色社会主义最本质的特征"这个重要论断,根据的是马克思主义和科学社会主义的基本原理,深刻揭示了中国共产党的执政规律和中国特色社会主义的发展规律。中国共产党的理想信念是中国特色社会主义的本源。中国共产党以马克思主义为立党之本,以实现共产主义为最高理想,以全心全意为人民服务为根本宗旨。习近平同志指出:改革开放以来,我们党带领全国各族人民开创和发展中国特色社会主义道路、理论体系、制度,都源于这个理想信念。中国共产党的理想信念和价值追求,是中国特色社会主义的逻辑起点。没有了这些,中国特色社会主义就是无本之木。我们整个道路、理论、制度的逻辑关系就在这里。他特别强调,一定要回到本源上去认识中国特色社会主义。什么是中国特色? 中国共产党的领导,这就是中国特色。

中国共产党的领导直接决定和体现了中国特色社会主义的性质。中国特色社会主义是社会主义,而不是别的什么主义。搞社会主义,必须由马克思主义政党来领导。习近平同志在阐述科学社会主义基本原则在中国新的历史条件下的具体体现时,首先强调的就是中国共产党的领导。社会主义是中国共产党成立之日起就确立的奋斗目标。坚持党的领导与搞社会主义,在根本上是一致的。如果没有了党的领导地位,就不成其为社会主义了,更谈不上搞中国特色社会主义了。坚持中国共产党的领导,是坚持中国特色社会主义不变色、不变质的根本保证。

中国共产党的领导与中国特色社会主义道路、理论体系、制度是一个统一的不可分割的整体。中国特色社会主义道路是中国共产党领导人民开创的;中国特色社会主义理论体系是中国共产党的指导思想和行动指南;中国特色社会主义制度包括根本政治制度、基本政治制度、基本经济制度以及各方面体制机制等具体制

[①] 节选自闻言.党的领导是中国特色社会主义最本质的特征——纪念中国共产党成立95周年[N].人民日报 2016-06-23(7).

度,党的领导都是摆在第一位的。没有党的领导,中国特色社会主义的道路、理论、制度将不复存在。

"中国共产党的领导是中国特色社会主义最本质的特征",这一理论创新意义重大,是对马克思主义政党学说的重大发展,也是对科学社会主义理论的重要贡献,深刻揭示了中国共产党的领导与中国特色社会主义之间的本质联系。这既是一个重大的实践问题,也是一个需要深入阐释的重大理论问题。

中国共产党鲜明的领导特质①

中国共产党鲜明的领导特质表现在许多方面,最主要的有以下几个方面:一是在思想信仰上,党坚定不移地信仰马克思主义,"始终把马克思主义这一科学理论作为自己的行动指南,并在实践中不断丰富和发展马克思主义,因而得以摆脱以往一切政治力量追求自身特殊利益的局限,以唯物辩证的科学精神、无私无畏的博大胸怀领导和推动中国革命、建设、改革,不断坚持真理、修正错误"。

二是在理想信念上,党从成立之日起就把共产主义确立为远大理想和崇高追求,把为共产主义、社会主义而奋斗确立为自己的纲领,坚定理想信念,为崇高理想奋斗,具有强烈的历史使命感与责任担当,牢牢占据推动人类历史进步、实现人类美好理想的道义制高点。

三是在组织上,党拥有一支不断发展壮大的党员队伍,拥有一支高素质的干部队伍,依据民主集中制的原则组织起来,具有强大的组织与动员能力,以及自上而下的强大支配能力。

四是在作风上,党在长期实践中形成了理论联系实际、密切联系群众、批评和自我批评、艰苦奋斗、谦虚谨慎的优良传统作风,着力解决党自身存在的突出问题,具有自我革命的政治勇气和自我净化、自我完善、自我革新、自我提高的能力。

此外,党一贯重视学习、善于学习,注重实践探索,敢于直面各种问题,勇于应对风险和挑战,善于总结经验教训,不断推进理论创新,能够有效地实现指导思想、政策与制度的继承与创新,具有实践思维、理论思维、创新思维和与时俱进品格。这些鲜明特质使中国共产党当之无愧地成为中华民族伟大复兴征程无可替代的领路人。

现在,中国共产党已经是一个有8800多万名党员、440多万个党组织的党,一个在有着13亿多人口的大国长期执政的党。"党的建设关系重大、牵动全局。党和人民事业发展到什么阶段,党的建设就要推进到什么阶段。这是加强党的建设必须把握的基本规律。"遵循加强党的建设规律,就要保持党的先进性和纯洁性,着力提高执政能力和领导水平,着力增强抵御风险和拒腐防变能力,不断把党的建设新的伟大工程推向前进,就必须全面从严治党。

---

① 节选自丁俊萍.党的领导是中国特色社会主义最本质的特征和最大优势[J].红旗文稿,2017(1):15-17.

党的十八大以来,以习近平同志为核心的党中央身体力行、率先垂范,坚定推进全面从严治党,坚持思想建党和制度治党紧密结合,集中整饬党风,严厉惩治腐败,净化党内政治生态,党内政治生活展现新气象,赢得了党心民心,为开创党和国家事业新局面提供了重要保证。鉴于全面从严治党面临的形势和任务,习近平总书记号召:"全党要以自我革命的政治勇气,着力解决党自身存在的突出问题,不断增强党自我净化、自我完善、自我革新、自我提高能力,经受'四大考验'、克服'四种危险',确保党始终成为中国特色社会主义事业的坚强领导核心。"他还把这作为"坚持不忘初心、继续前进"的八项要求之一,并从严肃党内政治生活、真管真严敢管敢严党风建设、反腐倡廉、高素质干部队伍建设等方面进行了部署。

党的十八届六中全会审议通过的《关于新形势下党内政治生活的若干准则》和《中国共产党党内监督条例》,对更好进行具有许多新的历史特点的伟大斗争、推进党的建设新的伟大工程、推进中国特色社会主义伟大事业,必将对进一步提高党的执政能力和领导水平发挥重要指导作用。

旧制度灭亡的弊病①

我们已看到城市整个体制是怎样被人们搞乱,不是出于政治目的,而是企图给国库捞钱。

正是出于这种对金钱的需求,加之又不愿向三级会议索取,于是使卖官鬻爵制度应运而生,这种现象世所未见。由于这种出于理财思想的捐官制,第三等级的虚荣心遂在三个世纪当中得以保持不衰,他们唯一的念头就是获取官职,于是国民的内心深处被灌进这种对职位的普遍欲望,这种欲望后来成为革命和奴役的共同源泉。

财政越拮据,新设职位越多,而免税或特权是所有新职位的报酬;由于是出于国库的需要而不是行政的需要,因此这样设置的官职多得简直难以置信,或是完全无用,或是反而有害。自1664年起,科尔贝尔作了调整,发现在捐官这项不务正业上,人们投入的资本几达5亿里佛。据说黎世留废除了10万个官职。不过这些官职马上又以其他名目重现。为了刮点钱,人们放弃了对自己的官员的领导、控制和强制。一个如此庞大复杂、如此难于运转、如此不起作用的行政机器就这样建立起来了。结果不得不让这台机器以某种方式空转,同时在它之外另设一个更简练、更得心应手的政府工具,藉此切切实实办一些所有官员假装在办而实际未办的事。

假如让人对这些讨厌的机构进行讨论,可以断定,这些机构中没有哪一个能维持20年。假如人们当初凑巧再召集三级会议听取它的意见或怨念,那么这些机构恐怕根本不会建立或增加。几个世纪来为数极少的几次三级会议一直在不断反对这些机构。这些会议曾多次指出,国王窃取权力任意征收捐税乃是一切流弊的根

---

① 节选自[法]托克维尔.旧制度与大革命[M].钟书峰,译.北京:商务印书馆,1995:142-143.

源,若引用15世纪那种强有力的语言的原话,那就是,国王窃取了"未经三个等级同意和商议而以人民的血汗自肥的权利"。三级会议不仅关注自身的权利,还强烈要求人们尊重各省与城市的权利,而且经常达到目的。在每次会议上都可以听到发自内心的反对负担不平等的呼声。三级会议多次要求废弃行会管事会制度;它们一个世纪又一个世纪地猛烈攻击不断增长的卖官鬻爵制。它们说道:"谁出售官爵,谁就出卖正义,此乃可耻之举。"当捐官制确立之后,三级会议继续申诉滥设官职。它们起而反对重重无用的职位、危险的特权,但总是无济于事。这套机构恰恰是为反对它们而建立的;它的产生绝不是要召开三级会议,而是要在法国人的眼皮下,将捐税乔装打扮,而不敢向他们显示其真面目。

……

<h3 style="text-align:center">加强党的建设①</h3>

从苏联共产党垮台和苏联解体的原因中,中国共产党得出的一个重要认识是,苏联共产党放任其组织能力退化。随后,20世纪90年代,中国共产党对各级党委和党员的调查显示了类似的退化迹象。调查发现,农村地区的党委、县级以下的党委和国有企业的党委退化状况极其严重……

反腐败与严肃党纪

对于一个列宁主义政党而言,无论是个别党员还是党组织,维护党的纪律都至关重要。如果党员和党组织不服从或不重视党中央领导的指示和政策,或者违法既定程序,那么党的全部机构很快就会瘫痪。党内腐败就是这种无纪律和不服从的一个表现或例子。

……

中央纪律检查委员会是中国共产党党内负责维护党纪法规、查处党内腐败的主要组织机构。中央纪律检查委员会可以追溯到中华人民共和国建国初期,中国共产党(像之前的清朝和国民政府一样),始终相信自己有能力管好自身,因而认为无需党外的监督机制。然而,正如下文所讨论的那样,当中国共产党考虑加强党内民主和党外协商这个新举措的时候,它近来可能开始认为,除了监察党纪的中央纪律检查委员会外,还应当有一些发挥限制作用的机制……

重建地方党组织

2007年,中国共产党有大约7 336名党员和360万个地方党组织。因此,中国共产党主要被当作一个庞大的纵向组织,从上到下遍及整个国家和社会。这是列宁主义的本质;渗入到地方、社会机构和专业机构,并在它们当中建立党支部。一直以来,中国共产党面临的两个问题是:一方面,新的社会组织和专业团体在中国

---

① 沈大伟.中国共产党:收缩与调适[M].北京:中央编译出版社,2011:187-195.

增长极快;另一方面,地方党委失去了大部分的重要性和吸引力。2005年,中国大概有县级及其以上的民间组织31万个。中共中央组织部一直特别关注农村党委和国有企业党委的收缩,同时也意识到在私有企业建立党支部的困难。

因此,自20世纪90年代中期以来,中国共产党做出了巨大的努力,一方面恢复和加强现有党委和党支部的活力,另一方面在新出现的实体中建立新的党委和党支部。这一努力不仅要强化地方党委,使它们对上级的命令更加复杂,而且也让地方党委对地方利益更加负责。这一努力主要通过三种方式来完成:(1)把握好党领导的选拔;(2)加强"党内民主";(3)重建地方党委自身。

……

中国共产党采取了四个应对措施。第一,通过制度上的努力,在这些新出现的社会团体、专业团体和商业团体中建立党委会。第二,中国共产党在全国范围内加强干部的在职轮训力度。第三,对农村地区的党委作专门调查,并加以重建。第四,作为"党的先进性"活动的组成部分,中国共产党发起了一场长达18个月的系统活动,对全国范围内的每名党员和每个党委做出评价。

中国共产党也作了一些新的努力来提高决策的透明度。2005年3月,中共中央与国务院联合出台了《关于进一步推行政务公开的意见》。于是,政治局会议和常委会会议如今都照例要在媒体中进行报道,各省市也做出了同样的努力。例如,中国共产党在地方试行"公示制度",地方政府通过这样一种形式获取公众对于重大支出项目的反馈意见,或者,地方党委(组织部)通过这样一种形式听取公众对于领导干部任命的反馈意见。2007年4月,国务院出台了《政务信息公开条例》,以进一步提高政府的透明度。尽管这样一些举措在中国前所未有,并且广受欢迎,但是中国政府离公开的、负责任的政府还有很长的路要走。

1. 请结合党的建设面临的新课题新考验,谈谈加强和改进党的先进性和纯洁性建设的重要性和紧迫性。

2. 为什么中国共产党在成立90多年、执政60多年、改革开放30多年后的今天依然能够充满生机和活力?

3. 为什么要全面从严治党?如何全面从严治党?

4. 为什么说中国共产党的领导是中国特色社会主义最本质的特征?

5. 加强权力制约和监督,是当前部分专家学者就如何进一步加强中国共产党的建设而提出的建议之一,请结合本章学习,谈谈你对这一建议的看法。

第八讲　当代中国与世界

教学基本要求

1. 了解当今世界发展的新特点和新趋势。
2. 把握当代中国与世界关系的历史性变化。
3. 了解新形势下中国的国际战略。
4. 认识当代中国的对外方针政策。

一、当今世界发展的新特点和新趋势

当今世界科技发展迅速,信息技术、生物技术、新材料技术、新能源技术等成为推动经济社会发展的主要力量。信息技术加剧了各国间的竞争,形成了新的数字鸿沟。① 互联网技术的出现加深了各国在经济、政治、文化等方面的联系,也带来互联网上的不安全问题,互联网安全问题成为世界各国政府及民众关心的话题,各国需要对话和合作,以保障互联网的安全。

经济全球化日益加深,世界各国的经济资源在全球范围内得以有效配置,各国经济结成了紧密的利益共同体,也加剧了相互依赖的脆弱性,金融风险加大、金融危机时有发生。区域经济一体化发展活跃,区域经济一体化和经济全球化并行发展、相互促进。随着环保理念在世界范围内的扩散,绿色经济、低碳经济、循环经济成为未来经济发展的潮流。国家之间发展不平衡,国际力量分化,世界多极化趋势有新的发展,新兴经济体联合的意愿强烈,金砖国家合作逐步深入,世界经济秩序开始新的调整。

当代世界总体趋于和平和稳定,但中东等地区仍有局部战争;单边主义、霸权

---

① 张新红等.聚焦"第四差别":中欧数字鸿沟比较研究[M].北京:商务印书馆,2010:5.

主义、冷战思维加剧了世界的不稳定;恐怖主义、难民危机、资源短缺、环境污染、气候异常、跨国犯罪、疾病跨国传播、人口膨胀等问题开始困扰人类,任何一国都无力单独解决这些问题,跨国协作日益紧迫。世界发展不平衡,发展中国家要发展,发达国家要稳定,因此和平与发展问题仍然是当代世界面临的根本问题。中国要发展,必须认清世界形势,顺应时代发展的潮流,坚持和平、合作、反对霸权主义、反对强权政治。

二、当代中国与世界关系的历史性变化

新中国成立后,采取"打扫干净屋子再请客""另起炉灶""站在社会主义一边""向苏联一边倒"等外交政策。此外,中国也注重发展与发展中国家的关系。1955年中国参加万隆会议,提出的"互相尊重主权和领土完整、互不侵犯、互不干涉内政、平等互利、和平共处"五项原则和求同存异的方针,至今对我们国家处理国际事务仍具有重要的指导意义。1950年代后期,中苏关系紧张、美国继续对中国采取敌对政策,中国开始"反帝、反修"。

进入1960年代,中国的国际环境发生重大变化。1960年代,中国加强同亚非拉国家的关系,反对苏联霸权主义和美国霸权主义。1964年中法建交;1968年美国深陷越战泥潭和经济社会危机,寻求与中国缓和关系;1969年中苏关系破裂;1971年7月美国国务卿基辛格秘密访华,10月份中国恢复在联合国的席位;1972年美国总统尼克松访华,震惊了世界;中美发布联合公报,结束两国敌对关系,宣布1979年正式建立外交关系。1972年之后,日本、英国等国也建立了和中国的外交关系。1978年改革开放后,中国成为国际体系的参与者;确立了不以意识形态论亲疏、不与任何大国结盟的战略,加大吸引外资的力度,实施了"一国两制"的战略,平稳地处理了香港和澳门的回归问题。

2001年,中国正式加入世界贸易组织,成为世界经济中重要的一极。随着中国经济实力的增长,中国在国际政治舞台上的地位也越来越重要。中国坚持处理好与周边国家的关系、与大国及发展中国家的关系、与国际组织的关系。中国积极推动国际经济、政治秩序朝积极的方向发展,并广泛参与到全球环境、公共卫生等国际事务的管理之中。与此同时,中国也面临着西方散布的"中国威胁论""中国责任论"、西方重新拟定国际贸易规则等做法,值得我们警惕。中国的发展离不开世界,世界的发展也离不开中国。中国积极推动南南合作,倡导以和平的方式解决争端;在欧洲出现债务危机时,中国没有采取"以邻为壑"的做法,展现出中国负责任的大国形象。

三、新形势下中国的国际战略

20世纪80年代初,中国领导人邓小平指出:"现在世界上真正大的问题,带有

全球性的战略问题,一个是和平问题,一个是经济问题或者说发展问题。"①这说明当今的时代问题是和平发展问题,中国的国际战略也要以促进中国的"和平发展"与世界的"和平发展"为第一要务。和平发展意味着科学发展、自主发展、争取和平的环境、开展合作、共同发展。

中国是一个爱好和平、追求和睦、和谐的民族,和平环境也是社会经济发展的必要条件。改革开放后,中国调整外交路线,处理好与印度、越南、菲律宾、日本、俄罗斯等周边国家及美国等国的关系,为国内经济建设创造了良好的外部环境。因此,和平发展是中国取得巨大经济成就的原因之一,也是中国的特色和经验。中国珍视世界和平,也愿意维护世界和平。中国追求和平,但并不放弃以非和平手段维护国家核心利益的权利,中国坚决维护国家领土和主权完整。中国不惹事,但也不怕事。

中国认为维护世界和平的根本在于国家之间的包容和相互扶持。中国坚持文明之间互相借鉴,求同存异,互相对话、交流,互相包容。国家之间不论大小、强弱、贫富,一律平等,遇到事情要多协商、多沟通。各国主权范围内的事情由本国政府和人民去管,世界上的事情由各国政府和人民共同商量来办。随着全球化的深入和各国相互依存程度的加深,各国只有相互帮扶,才能走得更远;各国只有相互协作、共同应对人类面临的环境恶化、跨国犯罪等问题,才能实现人类的共同发展,才能真正维护世界和平。

四、当代中国对外方针政策

中国坚持走独立自主和平发展的道路,不干涉他国内政、不扩张、不称霸,维护世界和平。中国将本着不冲突、不对抗、相互尊重、合作共赢的原则与美国合作;将把俄罗斯视为中国最主要、最重要的战略协作伙伴,把中俄关系放在优先位置;将与欧盟加强合作,建立全面战略伙伴关系。中国将本着亲、诚、惠、容的理念,与周边国家发展睦邻友好、互利合作的关系。中国将继续加强同发展中国家的关系,对非洲的合作做到"真、实、亲、诚";对拉美、阿拉伯国家的关系将继续深化;中国将加强对太平洋岛国的帮扶。

中国重视利用多边主义的平台,如:联合国、G20峰会、金砖国家领导人会议、上合组织、亚太经合组织、中非合作论坛、中阿合作论坛、博鳌论坛等平台,发出中国的声音、提出新的倡议,促进金融、贸易等领域的国际规则及国际秩序的合理化。自2015年以来,中国政府开始加强对国际组织人才的培养、遴选和推送工作,为我国熟悉国际规则及将来在国际多边舞台上纳入中国议题、促进国际规则向合理化

---

① 邓小平.邓小平文选(第3卷)[M].北京:人民出版社,1993:105.

的方向发展做准备。

此外,自2013年以来,中国实施"一带一路"战略,本着开放、协商、共建、共赢的原则,同沿线国家和区域性组织、国际组织等进行政策沟通、基础设施联通、资金融通、贸易相通、人心沟通,带动沿线国家的基础设施建设、经贸发展、文化交流等;也可以从多个方面提升我国企业、政府、民众的国际合作能力,有助于中国实现"两个百年"的梦想;有助于促进文明之间的互鉴和交流,构筑"人类命运共同体"。

理论探讨

核心观点:中国的发展将走和平发展之路,中国将实现"和平崛起"。经过多年的发展,中国成为世界第二大经济体、世界第一大外汇储备国、世界第一大货物贸易国、世界第二大投资国。中国取得了巨大的成就,而国际社会尤其是西方大国对中国充满了各种担忧和不安,"中国威胁论""强国必霸论"甚嚣尘上。西方对中国的发展充满了误解,甚至认为"大国崛起"逃脱不了"称霸的逻辑"。但是,我们也有足够的理由,使世界相信,中国将走"和平崛起"之路。

首先,中国通过独立自主、自力更生的、和平的方式实现自己的发展,这不同于西方通过王朝战争或殖民战争进行的资本积累。其次,中国没有忘记自近代以来深受殖民统治的历史,深知中华人民共和国的成立及世界和平来之不易,中国的发展和壮大得益于和平的环境,中国珍视和平,也愿意维护世界和平。今后,即使中国强大了,也不会做世界和平的"破坏者",而是要做世界和平的"维护者"。第三,中国在和周边国家的领土纠纷问题上,坚持以"谈判""协商"为主的策略,但不放弃使用非和平手段维护国家核心利益的权利。第四,中国在国际上,帮助亚非拉地区的发展中国家实现发展,甚至还给予这些国家不附加任何政治条件的经济援助、技术援助、医疗援助。第五,中国的文化,强调"和为贵",强调尊重差异性,强调对话和沟通,实现互利共赢,这不同于西方的"零和博弈"思想传统,有利于不同文明之间的和平相处和世界的和平发展。此外,文明之间相互借鉴、相互包容,也是对亨廷顿"文明冲突论"最有利的驳斥。

因此,中国坚持走和平发展的道路,中国的强大对世界不是威胁,而是贡献,中国将以自己的经济发展带动世界的发展,将以自己的参与促进国际经济、政治秩序朝良性的方向发展;中国的强大也不是要挑战原有国际秩序,而是促进国际秩序的改革。

观点纷呈：

1. 冷战结束后，西方多次掀起"中国威胁论"

1990年，日本防务大学学者村井友秀发表《论中国这个潜在的敌人》一文，散布"中国威胁论"；1992年美国费城外交政策研究所亚洲项目主任芒罗发表《正在觉醒的巨龙：亚洲真正的威胁来自中国》；1993年哈佛大学教授亨廷顿发表《文明的冲突与世界秩序的重建》一文；1997年芒罗和伯恩斯坦出版《即将到来的美中冲突》一书；1998年至1999年间，美国前中央情报局中国问题专家特里普利特和前共和党国会对外政策顾问爱德华·廷珀莱克合写的《鼠年》（1998年）和《红龙跃起》（1999年），认为中国对美国的国家安全构成重大威胁。

进入21世纪后，"中国威胁论"出现新的提法，如：中国网络威胁论、食品安全威胁论、环境威胁论等，对中国的内政、外交带来了新的挑战。纵观形形色色的"中国威胁论"，都是基于对中国社会制度的偏见、对中国崛起的担忧以及他们的误判，即他们认为，中国的崛起会威胁到他们国家的国际地位，威胁到国际体系的稳定；从而用不利的国际舆论绑架中国的发展。

"中国威胁论"并没有吓到中国，反而让中国更加清醒地认识到自己所处的国际环境。中国坚持平等、协商、合作、共赢的原则，注重以行动和传媒塑造中国国家形象、释放中国善意、增进国际社会对中国及中国"和平崛起"战略的了解，从而化解"中国威胁论"。中国应该在世界上广交朋友、促进政府间及民间的交流，削弱美日等国炮制的"中国威胁论"。

2. 中国环境威胁论的出现及评价

1994年，美国世界观察研究所所长莱斯特·布朗在美国《世界观察》杂志上发表了《谁来养活中国——来自一个小行星的醒世报告》，指出"（中国）大量燃烧煤使空气污染和酸雨日益严重，结果不仅使中国减少了粮食产量，降低了森林的生产率，而且其危害已波及了日本和韩国"。20世纪90年代中期，美国总统克林顿在会见江泽民时说，"美国认为中国对美国最大的威胁不是在军事上，而是在环境问题上"，这是美国高层直接抛出的"中国环境威胁论"。在这种论调之下，部分国外媒体开始把中国描绘成是"世界污染大国"、世界"环境和粮食危机的制造者"、"不承担全球环境责任的重商主义者"；而不是全面、客观地看待中国环境治理存在的问题及其与世界的联系。日本一些媒体也会在中国酸雨出现越界漂移时，大肆宣扬"中国环境威胁论"。然而，中国环境威胁论并非主要流行于美国和日本，在东南亚、欧洲、韩国、俄罗斯、印度，甚至非洲，也存在中国环境威胁论[①]，形成对我国不利的舆论环境。

---

① 于宏源. 国际气候环境外交：中国的应对[M]，北京：中国出版集团，2013：52.

首先,中国并不回避环境治理问题。中国提出了建设"生态文明"、奔向"绿色小康"、发展"绿色GDP"、"绿水青山也是金山银山"的理念,重新修订了环保法,加强了公众参与环境治理的力度,创新了环境政策。但是环境治理需要时间,西方用了很长的时间治理好环境,中国在环境治理方面可以借鉴西方先进的技术和理念,但也需要一定的时间来提高环境治理的水平和环境质量。

其次,中国环境问题也有其国际根源。中国是世界第二大经济体,巨大的成绩建立在消耗能源、资源的基础之上,中国制造的产品并非全在国内消费。因此发达国家在享受"中国制造"的便利时,不应该忘记对中国环境的影响。有些跨国公司利用中国环境监管不严、环境资源价格低廉的漏洞,在中国大肆投资,加剧了中国国内的环境污染。还有一些不良公司,转移销售洋垃圾。因此,要将中国的环境问题置于世界背景之下来考察。

再次,环境治理问题需要各国之间密切合作。环境问题不是哪一个国家单独的事情。环境问题具有整体性、系统性,环境问题不分国界。中国也是跨国环境污染、全球气候变暖、臭氧层损耗等的受害者,环境威胁是对全人类的威胁,任何国家不可置之度外。各国之间应该多些理解、多些合作。

第四,环境问题和发展问题联系在一起,环境问题源于发展,同时也需要通过发展来积累改善环境所需的资金、技术及经验。印度领导人曾经说过,"贫穷是最糟糕的环境"。因此,美国、日本、欧洲等国或地区企图以"中国环境威胁论"为理由,遏制中国的发展,是一厢情愿的事情。西方生态现代化理论认为,经济发展和环境治理可以实现双赢。中国也相信,环境质量的改善和经济的发展并不冲突。

第五,当前,我国要通过改善中国的环境质量,通过向世界讲述中国在改善环境质量方面做出的努力,让世界了解"中国制造"所承载的环境资源代价,以争取国际社会的资金、技术支持及舆论支持。我们还可以通过帮助发展中国家改善环境质量,来破解"中国环境威胁论",树立我国在环境问题上具有担当精神的国家形象。

第六,全球环境治理任重道远,片面指责某个国家,无助于环境质量的改善,积极的态度是大家协商、共同治理环境,因此坚持"共同但有区别的责任"原则才能有更好的未来。目前,中国在对发展中国家开展气候援助、推动国际环境治理等方面做了很多工作。中国正在推进"一带一路"战略,其中也包括和沿线国家共同构建"绿色命运共同体"。

3. 米尔斯海默认为,大国实力增强必将导致世界秩序的变化,中国实力增强威胁美国

2001年美国芝加哥大学政治学教授、著名国际关系学者约翰·米尔斯海默出版了著作《大国政治的悲剧》,提出了著名的进攻性现实主义理论。米尔斯海默认为:大国之间只有穷无尽的安全之争与权力之争,没有价值观念与安全利益上的

共同点,也没有合作的空间,最终的结果是"零和博弈"。这延续了西方的零和思维,无视人类在全球气候、环境安全、网络空间、公共卫生、减轻贫困等领域的合作。

他还认为,由于国际体系的无政府状态,国际体系中的大国为了得到安全而展开的竞争迫使他们采取进攻性战略,导致冲突与战争频繁发生;而一个大国要生存下去,就必然要成为体系中的霸权国家。针对中国的情况,他误判中国追求霸权。他说:"一个富裕的中国将不会是维持现状的大国,而是一个要实现地区霸权的侵略性大国。这不是因为富裕的中国有邪恶的动机,而是因为任何国家为了最大限度地达到生存目标,最好的方式是成为地区的霸权国……如果中国经济继续快速现代化,中国不仅会成为一个尖端科技的领先生产国,而且会成为世界上最富裕的大国。中国肯定会用她的财富来打造一部强大的军事机器。更重要的是,由于重要的战略原因,中国肯定会寻求地区霸权,就像19世纪美国在西半球所做的那样。"

他则把美国和中国对立起来,认为中美之间必有一战,他说:"尽管中国肯定想成为东北亚的霸权国,但美国显然不愿意看到这种情况发生。"他进一步强调说:"因此,我们期待中国会主导日本与南朝鲜以及该地区其他国家,同时通过打造强大的军事力量,强大到其他国家不敢与其抗争。我们还期待中国会发展出针对美国的中国版的门罗主义,就像美国当年明确告诉遥远的大国,不允许他们干涉西半球的事务那样。中国也会明确表示,美国在亚洲进行干涉是不能接受的。"他不无担心地表示:"未来中国的威胁令人感到忧虑的是,她可能比美国在20世纪所曾对付的任何潜在霸权国家更强大更危险。"①他反对美国与中国接触,建议美国及早遏制中国。

4. 郑必坚谈"中国和平崛起"

2003年11月3日,中共中央党校原常务副校长郑必坚在博鳌亚洲论坛上发表了题为"中国和平崛起新道路和亚洲的未来"的讲演,首次提出了"中国和平崛起"这一论题。郑必坚指出,"近代以来大国争霸的历史反复说明,一个大国的崛起,往往导致国际格局和世界秩序的急剧变动,甚至引发大战。这里一个重要原因,就是他们走了一条依靠发动侵略战争,实行对外扩张的道路。而这样的道路,总是以失败告终。"而在今天新的时代条件下,我们的抉择只能是:"奋力崛起,而且是和平地崛起。就是说,争取和平的国际环境来发展自己,又以自身的发展来维护世界和平。"

围绕这条道路,最重要的战略方针有三条:"一是锐意推进以社会主义市场经济和社会主义民主政治为基本内涵的经济和政治体制改革,以形成实现和平崛起的制度保证;二是大胆借鉴吸收人类文明成果而又坚持弘扬中华文明,以形成实现和平崛起的精神支柱;三是统筹兼顾各种利益关系,包括统筹城乡发展、统筹区域

---

① [美]约翰·米尔斯海默.大国政治的悲剧[M].芝加哥:芝加哥大学出版社,2001:401-402.

发展、统筹经济社会发展、统筹人与自然和谐发展、统筹国内发展和对外开放,以形成实现和平崛起的社会环境。"①

中国和平崛起的发展道路不同于以往的大国崛起之路,中国不会通过军事扩张、资源掠夺、地区争霸或全球称霸,实现中国的崛起,而是主要依靠自己的力量,发展内需,改革创新,落实科学的发展观,积极参与国际经济技术合作与竞争,在与经济全球化相联系,而不是相脱离,更不是相背离的历史进程中,在改革开放的大背景下,独立自主地建设有中国特色的社会主义,促进国际社会互利共赢、共同发展,争取在本世纪中叶实现中国和平崛起的目标。因此,中国要争取和平的国际环境来发展自己,又将以自身的发展来维护世界和平,促进共同发展。

5. 实践与互动对于中国和平崛起的影响

中国和平崛起是中国发展的目标和手段。中国之所以能够"和平崛起",还在于能够参与国际体系的实践。② 中国不是在封闭的状态中发展,而是选择了开放的、合作的战略,积极参与国际体系的实践。中国首先是国际制度的学习者,然后才能通过较多的参与和互动,参与国际制度的创建及国际规则的制定,推动国际制度、国际规范的合理化。

中国在国际金融领域、环境治理、公共卫生、联合国维和等领域积极参与,有利于维护国际和平与非传统安全。在国际金融领域,中国曾向欧洲伸出援助之手;此外,中国提高了自己对国际金融组织的资金贡献率,建立了面向发展中国家的金砖国家银行,还倡议建立了亚投行,有利于国际金融领域的改革。在国际环境治理领域,中国签署了很多国际环境公约,积极参加联合国环境署的活动,坚持"共同但有区别的原则";向发展中国家提供气象设备、洁水设备、雨水收集技术等,提高了发展中国家的环境治理能力。在公共卫生领域,中国积极支持联合国卫生署开展非洲埃博拉疫情的控制工作等,向非洲派遣医疗队,并给予卫生物资的援助。

目前,和发达国家相比,中国在议程的设定方面的能力还欠缺,国际话语权有待提高。现有的国际规则、国际秩序主要是美国等发达国家缔造的,我国在经历了了解、熟悉国际规则的阶段之后,随着中国国力的提升,提出倡议、改革原有的国际规则,已经提上议事日程。中国需要进一步和平地发展自己,加强双边和多边合作,才能在国际上有更多地发起倡议、设定议程、促进国际规则合理化的能力。中国迫切需要培养了解国际事务、具有国际视野的复合型人才。自2015年之后,中国更加重视参与联合国等国际组织的工作,重视向联合国等国际组织输送人才,旨在以和平的方式参与国际事务、以和平的方式影响国际规则的建构。作为一个社

---

① 郑必坚.中国和平崛起新道路和亚洲的未来——在2003年亚洲博鳌论坛的讲演[J].2004(5):3-4.
② 秦亚青.实践与变革:中国参与国际体系进程研究[M].北京:世界知识出版社,2016:2.

第八讲 当代中国与世界

会主义国家,中国将马克思主义的实践哲学融入到国家外交实践之中,强调参与,也有利于中国采取和平的方式实现中国的伟大复兴,有助于中国和平崛起之目标的实现。

1. 国际公务员

毕业于北京大学国际法专业、现就职于世界银行的葛青青,曾在联合国总部实习半年,在联合国实习的过程中,她注意到在她实习的国际组织法律部门里,没有一个正式的中国员工。她意识到在制定国际法时,如果没有中国人,将很难让世界知道中国的想法[①]。

曾在联合国总部安理会、联合国驻华机构实习的高骏在与投资银行工作的朋友谈及联合国职员的收入时,对方露出不屑的神色。高骏便半开玩笑回了一句:"our salary is counted by lives(我们的薪资以生命来计算)。"高骏认为,在联合国任职,是为维护世界和平、促进共同发展而努力。尽管财富确实能给人带来很大成就感,但这并不是他生活的全部[②]。

点评:

> (1) 国际公务员成为当前年轻人就业的一个新方向。成为一名国际公务员,这对于个人、国家及世界都具有重要的意义。正如葛青青所言,参加国际组织的实习或正式工作,可以使中国了解国际规则以及规则是如何制定的,中国是否可以影响国际规则的制定;并让世界通过国际组织来了解中国。总之,中国不能被动地参与国际体系进程,而要更加主动地参与国际体系进程,国际公务员将是一个重要的渠道。将来,我国应该输送更多的年轻人到国际组织任职。
>
> (2) 国际公务员是指在联合国及其他国际组织中工作的各类工作人员。国际公务员受国际组织行政负责人的领导、为全体成员国服务。国际公务员按职务性质一般可分为:高级官员(D级以上职位)、业务类官员(P级职位)

[①] 参见中青新闻网.葛青青:走着走着就走到了联合国[EB/OL].[2013-03-14]. http://news.cyu.edu.cn/zqrw/xyxz/201303/t20130314_43904.html.

[②] 资料来源:北京联盟.揭秘国际公务员:招录比410:1 中国名额半数空缺[EB/OL].[2014-07-20]. http://www.010lm.com/roll/2014/0720/356841_3.html.

和一般事务类人员(G级职位)。我国自1971年10月恢复在联合国的合法席位后,陆续向联合国及其专门机构派遣国际公务员;截止到1999年底,我国已向各国际组织派遣530多名公务员。和美国、法国、英国、俄等国相比,我国在联合国机构任职的国际公务员总人数和高级官员人数相对较少,这和中国的大国地位是不相称的、和中国在联合国的资金贡献也是不成比例的。

(3) 我国派往国际组织的国际公务员数量少,使中国在国际社会的发声受制约。因此,加强国际公务员人才的培养十分重要,这引起了党和国家领导人的重视。2016年9月27日,中央政治局就G20峰会和全球治理体系变革进行第35次集体学习,习近平总书记指出,要提高我国参与全球治理的能力,着力增强规则制定能力、议程设置能力、舆论宣传能力、统筹协调能力;参与全球治理需要一大批熟悉党和国家方针政策、了解我国国情、具有全球视野、熟练运用外语、通晓国际规则、精通国际谈判的专业人才;要加强全球治理人才队伍建设,突破人才瓶颈,做好人才储备,为我国参与全球治理提供有力人才支撑。为此,我国建立了国际组织人才信息服务平台、高校毕业生到国际组织实习任职信息服务平台等官方网站,鼓励在校大学生到国际组织实习、任职;而国家留学基金委也为本科生到国际组织实习,提供了平台。

(4) 我国应该借鉴其他国家在培养和选送国际公务员方面积累的经验。日本、瑞士等国在培养和选送国际公务员方面具有丰富的经验。日本早在1970年代就制定了国际公务员培养计划,并成立了专门的机构负责国际公务员的培养和选送工作。到目前为止,日本的许多国际公务员已经在一些重要的国际组织中占据了要职,例如:日本曾派出绪方贞子做联合国难民事务署的高级官员,派出柳井俊二担任国际海洋法法庭(ITLOS)的审判长。绪方贞子担任联合国难民事务署官员有助于塑造日本的国家形象;而柳井俊二曾在菲律宾提交的南海仲裁案中做出了严重损害中方核心利益的仲裁。瑞士由于本身是很多国际组织的所在地,在地理上占据优势,因此为国际组织培养人才的意识也比较早。"'使瑞士公民在国际组织中保持尽量高和尽量多的职位'是瑞士一直奉行的核心外交政策之一。"①为此,瑞士政府为国际公务员人才培养和选送工作投入了大量资金,并且做了很多公关工作,此外还给予就业信息和专业指点。

---

① 闫温乐,张民选.向国际组织输送人才:来自瑞士的经验与启示[J].比较教育研究,2015(8):107-123.

第八讲 当代中国与世界

2. 各国必须携手营造和谐稳定的国际和地区安全环境

2012年7月7日,习近平在出席"世界和平论坛"时说,各国必须携手营造和谐稳定的国际和地区安全环境。为此,他呼吁:"第一,必须以发展求安全。应该继续高度重视并切实解决好全面协调可持续发展这个重大课题,持续致力于自身发展,积极支持发展中国家发展,努力缩小南北发展差距,真正实现共同发展繁荣。第二,必须以平等求安全。在任何时候任何情况下,都要坚持和平共处五项原则,不干涉别国内政,不把自己意志强加于人,通过平等对话、互利合作,实现各国普遍安全。第三,必须以互信求安全。要不断增强各国战略和政治互信,妥善处理分歧、矛盾和敏感问题,切实尊重他国核心和重大利益,不断扩大战略共识,夯实维护安全的深厚根基。第四,必须以合作求安全。要超越'你输我赢、你兴我衰'的'零和'思维,坚持以合作谋和平、以合作保安全、以合作化干戈,努力寻求和扩大各方利益汇合点,致力于实现双赢和共赢。第五,必须以创新求安全。要牢固树立互信、互利、平等、协作的新安全观,树立综合安全、共同安全、合作安全新理念,努力为解决老问题寻找新答案,为应对新问题寻找好答案,不断破解人类面临的发展难题和安全困境。"总之,"一个国家要谋求自身发展,必须也让别人发展;要谋求自身安全,必须也让别人安全;要谋求自身过得好,必须也让别人过得好"①。

点评:

> (1) 习近平阐释了中国在世界和平与发展问题上的观点和立场。中国认为,发展才是维护和平的根本保障,没有发展就没有社会的稳定,也没有世界的和平。两次世界大战的爆发和恐怖主义的兴起,都说明了经济稳定、经济发展的重要性。因此,中国愿意继续支持亚非拉广大发展中国家的发展;与此同时,世界经济贸易一体化进程加快,世界经济的相互依赖性也加强。2009年希腊发生债务危机,之后欧元出现贬值,葡萄牙、爱尔兰、西班牙的经济也不景气;特朗普任总统之后,美国也开始退缩到经济"孤立主义"之中,世界经济形势严峻。世界经济具有联系性,中国愿意为世界经济的稳定做出自己的贡献,也曾经以实际行动来帮助发达国家实现经济的稳定。
>
> (2) 中国认为,世界文明具有多样性,文明没有高低之分、贵贱之别;国家之间的发展具有阶段性差异;应该尊重文明的差异性、发展阶段的差异性,尊重对方国家的核心利益,尤其是领土和主权权益。国家之间应该不分大

---

① 资料来源:习近平出席"世界和平论坛"开幕式并致辞[EB/OL].[2012-07-08]. http://politics.people.com.cn/n/2012/0708/c1024-18466741.html.

小、强弱、贫富,一律平等,坚持对话、协商、包容的原则;超越"你输我赢"的"零和"博弈思维,实现互利、共赢的目标。世界各国尤其要加强在全球气候变化、环境污染、疾病跨国传播、减贫、跨国犯罪、恐怖主义、难民危机等问题上的协商和合作,构建"利益共同体""命运共同体"。

(3)中国自2013年开始实施"一带一路"战略,也是在践行中国的国际"和平与发展"观。中国本着开放、协商、互利共赢的原则和"一带一路"沿线国家及地区组织或国际组织合作,有助于世界各国的共同发展和繁荣,中国也欢迎其他国家"搭便车",中国将会提供资金、技术、设施等支持,帮助沿线地区发展。中国倡议建立了亚投行,有利于国际金融秩序的改革;中国高铁技术、特高压技术、航空航天技术等技术在世界上占有一席之地,中国可以和世界分享先进的技术成果。中国在"一带一路"沿线国家修建的基础设施,将加快发展中国家的脱贫和工业化或者发达地区的经济复兴。中国坚信,"独行快、众行远""计利当计天下利",一国的发展和世界的发展息息相关,中国将为世界和平与发展做出自己应有的贡献。

延伸阅读

中国参与国际经济体系[①](节选)

1980年,中国先后恢复了国际货币基金组织和国际复兴开发银行的合法席位,同时也获得了欧共体的普遍优惠制待遇。1985年中国加入非洲开发银行,1986年加入亚洲开发银行,同年也正式提出"复关"申请。中国对国际经济体系的参与是通过在现有若干国际经济组织、经济机制中发挥作用和扮演角色而实现的,这些国际经济组织和经济机制就是中国的多变参与平台……1991年,中国加入亚太经合组织,同年与东盟签订协议,成为其全面对话伙伴国。1999年,中国首次受邀参加二十国集团财长会议,从此成为这个新兴机制的重要一员。进入地区层面说明中国对国际经济体系的认识和贡献都发展到新的阶段,中国的发展离不开国际经济体系,体系也越来越看重中国的经济地位。当然,无论是在全球层面还是地

---

① 节选自秦亚青.实践与变革:中国参与国际体系进程研究[M].北京:世界知识出版社,2016:104-111.标题为编者拟.

第八讲 当代中国与世界

区层面,中国这一时期的参与特征总的来说还是以学习和遵约实践为主,"基本上接受了这些多边经济组织的规范、原则和规则,并且或多或少地在这些原则范围内进行操作。在与主要多边经济机构的关系上,中国像一个现状大国,重点学习游戏规范和规则"。

……

如果说中国加入全球国际经济体系的过程更多体现的是一种单向融入的"社会化"过程,2001以后,特别是在地区国际经济体系层面,中国的参与实践则越来越多地表现出"双向社会化"的特征,学习和遵约实践不仅履行了对体系的承诺,也赢得了体系的认同。2010年4月,世界银行通过改革方案,决定把中国的投票权由2.77%提高到4.42%,中国成为该组织第三大成员。同年10月,二十国集团财长会议决定国际货币基金组织向中国等新兴大国转让6%的投票权,其中中国的份额由3.72%升至6.39%,一举成为国际货币基金组织的第三大股东……中国参与二十国集团的实践是中国参与国际体系实践、实现身份变化并进而影响和塑造国际体系的重要案例,其中的联盟实践和创新实践尤其值得认真研究。中国是二十国集团创始成员国。中国参与二十国集团机制的实践受到特定背景和资源的影响,同时又在与该机制和其他行为体的互动过程中不断学习成长,主观能动性日益增强。一方面,中国参与和融入二十国集团机制,接受该机制及其规范的影响和塑造,身份发生着渐进性变化,从学习者、新成员,到积极参与的完全成员和主要成员,再到主动发挥作用的规范倡议者和议程塑造者。另一方面,随着学习、互动与成长,随着身份变化,中国的参与实践对二十国集团机制的未来走向也发挥着日益重要的影响和塑造作用。

……

金砖国家机制是近年来出现和机制化的国际组织,最初为金砖四国,即巴西、俄罗斯、印度和中国,2010年12月南非加入后,变成五个国家,金砖四国改名为金砖国家。……中国与金砖国家机制的互动对国际体系进程产生了重大影响。第一,中国借助金砖国家机制平台,推动二十国集团峰会将新兴市场国家和发展中国家在国际货币基金组织的份额至少增加5%,提高国际货币基金组织的合法性和有效性。第二,金砖国家在世界气候变化会议中集体发声,对哥本哈根气候会议的成果产生了重要推动作用,并使多哈气候会议成果达到了中国预期。第三,中国推动成立金砖国家开发银行和应急储备安排,做实了金砖国家机制实体化发展方向,对国际金融格局产生重大影响。第四,中国利用金砖国家机制平台加强成员国在联合国框架内的基本协调,在国际热点问题和重大国际问题的解决方式上体现出中国特色和金砖国家特点。第五,中国还利用金砖国家机制平台,积极推动世界发展模式多样化和国际关系民主化,对国际政治经济进程产生深远影响。

......

国际组织的作用①(节选)

......

第三,国际组织(如世界银行)、地区发展银行或联合国机构可能起了关键性的作用。尽管国际组织在很多方面依赖成员国的资金和支持,但很多学者认为,这些组织能够而且确实在国际政治中发挥了独立的作用。国际组织可以有独立于国家的经济基础(如世界银行,它在私人资本市场上筹措贷款资金),可以有自己的专门知识,在国际组织和其成员国之间的委托——代理关系(principal - agent relationship)中,国际组织可以是"关系松弛"的受益者。在这些国际组织中,世界银行很快就成为注意的焦点。这有几个方面的原因:(1) 它是发展中国家的最大多变贷款者;(2) 除了贷款数量外,其行动对私人贷款者和提供发展援助的捐款政府有重要的导向作用;(3) 它在安排贷款者和捐助者参与发展援助一揽子国际协议时,可以发挥重要的促进和协调作用;(4) 它有一支出色的制定拨款决定的专家队伍;(5) 它的范围是全球性的(与地区发展银行相反)。另外,在其他地方,世界银行一直扮演着观念中介者(broker)和交往者(socializer)的角色。

......

国际机制建设的重要性②(节选)

世界政治经济中的相互依赖产生着冲突。人们的利益可能因为国外发生的不可预料的变化而受到损害,比如由于石油生产商的行为而造成的石油提价,或者是由于银行的要求而产生的货币升值,在这种情况下,他们往往要求政府给予帮助和支持。产业工人在面临因为国外低廉产品的竞争而带来失业压力时,他们毫无疑问也会这样去做。政府必然会努力将这些调整的代价转嫁到其他国家,或至少避免由它们自己来承担。这种战略自然在国家之间导致政策的相互矛盾并进而引起纷争。

要限制纷争并避免激烈的冲突,政府间的政策必须作出相应的调整。也就是

---

① 节选自[美]玛莎·芬尼莫尔.国际社会中的国家利益[M].袁正清,译.上海:上海世纪出版集团,2012:116.标题为编者拟.

② 节选自[美]罗伯特·基欧汉.霸权之后:世界政治经济中的合作与纷争[M].苏长河,等,译.上海:上海人民出版社,2001:289-291.标题为编者拟.

说,合作是必要的。实现这种相互政策调整的一条途径是通过一个霸权国的行动,从而在有利于自身利益的同时,也能与其他国家的利益保持充分的协调。正如我们在第八章所看到的,美国在二战后的15或20年中扮演的就是这样的一个角色:霸权合作是此时的一个现实。第九章和第十章表明美国仍然是世界政治经济中最重要的国家,而且它仍旧是国际机制中的关键参与者。的确,美国的介入对于成功地培育国际合作常常是必要的。

不过,第九章也说明,自从60年代中期之后,美国将大量资源用于维持国际经济机制的能力和意愿都减弱了。正如前面所阐述的,美国已不可能重新获得它在50年代的主导地位,同样,再设想哪一个国家会在一场大规模战争之后取得像美国战后那样的特殊地位,也是不现实的,因为核时代的战争完全不同于过去的战争,而且与之相比更具有毁灭性。所以,也许假定在我们有生之年不会再有霸权的复兴是妥当的。因此,如果我们要展开合作的话,就将肯定是没有霸权的合作。

无霸权的合作是困难的,因为它的实现必须在更多地靠自我利益驱动而非对共同善意的关心的各个独立国家之间进行。本书并不否认合作的这种困难性,我也并不想预测会出现一个能够顺利进行相互政策调整的新时代。但是,虽然纷争持续不断,世界政治并非就是战争。国家的确存在互补的利益,这就使得某种形式的合作具有潜在的利益。当霸权衰落时,对国际机制的需求甚至会上升,正如50年代缺乏一个正式的政府间石油机制,而在1974年就建立起相应的石油制度所显示。此外,美国霸权的遗产是以大量国际机制的形式继承下来的,这些机制为合作创造了更有利的制度环境,而如果没有这些机制,合作就会非常困难;同时,维持机制比创建新的机制更容易。这些机制之所以重要并非因为它们构成了一种集中化的准政府机构,而是因为他们能在政府间促进协议的达成,并能分散执行协议。机制的原则通过降低交易成本,增强了合作的可能性。它们为有序的多边协调以及合法的或不合法的国家行为创造条件,并在机制中的不同议题以及不同的机制间建立联系。它们提高了信息的对称性,并改善政府所接受信息的质量。通过长时期的将相同论坛中的所有事务集中起来,机制帮助政府之间保持经常性接触,从而减少产生欺诈的动机,提高了声誉的价值。通过建立国家遵循的合法行为标准,以及提供进行监督的手段,机制也为建立在互惠原则基础上的分散化实施行为打下基础。当代国际政治经济的国际机制网络是通过美国霸权建立的,这为构筑霸权后的合作模式提供了一个有价值的基础,并为有志于通过多边行动实现目标的政策制定者们所利用。

……

国际规范的生成①（节选）

当你想到石油污染的时候，你很可能会想到石油漏油：诸如"托里坎荣"号(Torrey Canyon)海滩和埃克森·瓦尔迪兹(Exson Valder)原油泄露等重大事故。然而，历史上，更多石油都被例行公事地故意倾倒进海洋。这些倾倒大部分是由于空邮轮中会装入压舱水，当下次运货时，就会将承载原油的压舱水倾倒进海洋之中，然后再将邮轮装满原油。

如何解决这个问题呢？曾于1926年召开第一次国际性的会议，这次会议决定禁止在海岸线50英里以内倾倒大量的石油(特别是限制在百万分之五百单位内)。但该协议从未生效。

另一轮协商于1935年起复始，此次磋商同样核准了百万分之五百的限制，但是却将禁区延展到海岸线150英里以内。该协议同样也从未生效。

1954年，另一次会议召开。该次会议制定了较为严格的标准，即在原来的海岸线50英里以内严禁倾倒石油，而浓度上限是百万分之一百。与早期的协议不同的是，该协议生效了。然而，该协议却没有制定执行办法，也没有制定激励措施，因此并未起到作用。

20世纪60年代，更多的磋商连接举行，但是依旧像先前所作的努力一样，这些也并未取得成效。

1972年，尝试了一种新途径。美国通过了一项国内法，颁布了邮轮的新技术标准。美国希望国际上能采用这项新标准。但是美国法律要求一旦协商失败的话，美国将于1976年单方面采用这些标准。之后，违反该标准的轮船将会被禁入美国海域。

虽然国际协商被延后，但新协议最终于1978年得以达成。该协议采用了美国法律的指令，要求邮轮应将石油和压舱水隔离开来。……该协议针对单独的邮轮，被称为"国际防止船舶造成污染公约"。对于业内人士来说，它就是著名的MARPOL73/78公约。

……

新协议也促进了各国的广泛参与。邮轮的价值取决于它所进入的港口的数量。越来越多的国家采用新标准，吸引了更多的邮轮运营商去满足该标准。反过来，这也会吸引越来越多的临海国家采用该标准。在协调动机的支持下，该标准的

---

① 节选自[美]斯科特·巴雷特.合作的动力：为何提供全球公共产品[M].黄智虎，译.上海：上海世纪出版集团，2012：174-176.标题为编者拟.

采用将会产生正面积极的反馈。这时就很可能需要一个采用限值从而使反馈可以持续下去。但是一旦此阈值参与度通过的话，可能几乎所有国家都将有兴趣采用该标准。标准便会发生倾斜。

目前有138个国家批准认可了MARPOL73/78（特别是，附件Ⅰ），占全球船舶总数的98%，因此该协议的参与度达到了全球化。

……

跨国关系研究范式在理论上的特点体现在以下三个方面[①]（节选）

第一，该研究范式是在对传统的国家中心解释范式进行反叛和颠覆的基础上形成的。20世纪60、70年代，"国家"这个概念在政治学研究中遭遇罗伯特·达尔(Robert Dahl)多元政治理论和赖特·米尔斯(C. Wright Mills)集团和政治精英理论的质疑。政治学分析中以"国家"这个概念为解释中心已日渐式微，换言之，政治系统和政治过程中各种政治和社会集团的博弈，而非国家本身，成为政治学者关注的中心。这种学术上的转向同样波及国际关系研究。20世纪60和70年代，一大批非国家的跨国行为体，诸如跨国公司和国际非政府组织，开始活跃在国际舞台上，并对国际关系的演进产生越来越重要的影响，为人注目。许多国际现象如果仅从国家之间的国际关系(inter-state relations)认知途径出发，已经很难或者根本就得不到令人满意的解释。现实主义只把国家作为国际关系最重要有时甚至是惟一的认识对象，在很多学者看来已经概括不了国际关系的内容和真相。"去国家"一时成为政治学和国际关系学研究中的一种重要趋势，人们一方面关注全球政治层次上跨国行为体在国际关系中的意义，另一方面越来越重视次国家层次上国内官僚机构、利益集团、党派在国家对外政策形成过程中的作用。因此，跨国关系——国内政治分析模式的第一个重要假设就是国家不再被视为一个整体单一的行为体，国家也非具有独立的"人格"意义，国际关系中的国家行为不简单地只是"国家"的行为，而是国内各种行为体互相博弈、妥协的表现。并且，与传统国际关系理论认为的国内政治是等级制(hierarchy)的看法不同，该模式认为国内政治是平行的多头政治(polyarchy)，各种行为体的偏好不同，行为也不同，他们共同分享着决策的权力。普特南在《外交与国内政治：双层博弈之逻辑》一文，就对内部政治中各种行为体的折冲纵横在国家对外行为中的意义做了深刻的阐述。第二个重要假设是国内行为体——联盟、利益集团、地方政府、公司、工会等——都是理性的，以追逐

[①] 节选自[美]罗伯特·基欧汉，海伦·米尔纳.国际化与国内政治[M].姜鹏，董素华，译.北京：北京大学出版社，2003:5-7. 标题为编者拟。

自身最大化利益为行为准则的,利益、偏好、理性等概念在该模式的分析中占据着重要地位。在基欧汉和米尔纳为《国际化与国内政治》撰写的导言中,以及书中其他文章中,我们可以发现这一假设始终贯穿着全书。

第二,大致来说,跨国关系分析范式力图对国际关系与国内政治两个层面进行整合,同时更加强调国际力量在国内变迁中的独立作用能力。仅仅对跨国关系现象进行描述不是跨国关系分析范式的中心,跨国关系分析范式所要做到的是结合跨国关系与国内政治,对国内政治变动中的国际因素进行归纳与综合。……沃尔兹在《人、国家与战争》一书中,指出国际关系学者分析战争与和平问题的三种常用模式,即从人性善恶出发分析战争根源的第一种设想(the first image),从国内政治体制的差异出发分析国际问题的第二种设想(the second image),以及从国际体系出发解释战争根源的第三种设想(the third image)。古勒维奇对沃尔兹的概念进行了改造,指出此前的政治学者们只重视国际政治的国内根源,而忽视了国内政治的国际根源,现在应该是重视国际力量如何作用国内结构的时候了。据此,他对沃尔兹的第二种设想进行了颠倒,把研究焦点集中在国际力量影响国内政治发展的比较分析上。在古勒维奇看来,国际体系中除了观念和意识形态因素外,有两种关键的力量对国内政治体制特征的塑造产生强有力的影响,其一为国家间政治权力的分配状态,其二为国际经济中的经济活动和财富的分配状态。换言之,战争和贸易状态影响着国内政治发展。……

第三,在不同的跨国关系——国内政治分析模式中,对国际变量的选择有所不同。如果说古勒维奇关注的是战争体系和贸易体系对国内政治发展的影响的话,那么在里斯—卡彭的分析中,则强调国际制度力量对国内政治的影响。……里斯—卡彭编辑的《跨国关系研究的回归》,着力考察的就是跨国关系中的国际非政府组织、跨国利益集团等跨国社会运动力量对一些国家国内结构产生的作用。此外,20世纪90年代以来还出现许多论述国际机制、规范等制度性国际力量对国内政治的同化作用。此类研究假设国际规范成为塑造国家在国际社会中合法性身份的关键力量,反过来说,国家在国际关系中的行为进程越来越受到国际规范力量的约束,互动、沟通、学习于国家在国际社会中被社会化过程中具有重要的意义。

第八讲　当代中国与世界

1. 中国传统文化中提到"物之不齐,物之情也""日月不同光,昼夜各有宜""计利当计天下利""独行快、众行远",它们分别是什么含义,对中国的外交战略有何影响?

2. "中国环境威胁论"是在什么背景下出现的?对我国有何影响?中国环境问题有无国际根源?中国环境治理和全球环境治理有何关系?如何驳斥"中国环境威胁论"?

3. 自2015年以来,我国开始重视向联合国环境署、世界粮农组织等国际组织输送人才,中国国家领导人习近平、李克强还曾经专程访问位于日内瓦和罗马的国际组织总部,其原因是什么?中国做了哪些工作推动国际公务员人才的培养及人才选拔工作?

4. 如何从外交战略转型的角度解读我国的"一带一路"战略?"一带一路"战略是不是中国版的"马歇尔计划"?为什么"一带一路"战略的英文翻译成"一带一路"倡议?"一带一路"战略对你所学专业有何影响?

参考文献

中文著作部分

[1] 马克思,恩格斯. 马克思恩格斯全集(第3卷)[M]. 北京:人民出版社,1960.

[2] 毛泽东. 毛泽东选集(第2卷)[M]. 北京:人民出版社,1991.

[3] 邓小平文选(第3卷)[M]. 北京:人民出版社,1993.

[4] 十八大以来重要论述选编[M]. 北京:中央文献出版社,2014.

[5] 习近平总书记系列讲话读本[M]. 北京:人民出版社,2016.

[6] 张岱年,程宜山. 中国文化精神[M]. 北京:北京大学出版社,2015.

[7] 牟钟鉴. 中国文化的当下精神[M]. 北京:中华书局,2016.

[8] 贺麟. 文化与人生[M]. 北京:商务印书馆,2015.

[9] 俞可平. 治理与善治[M]. 北京:社会科学出版社,2009.

[10] 宋鸿兵. 货币战争[M]. 北京:中信出版社,2014.

[11] 于宏源. 国际气候环境外交:中国的应对[M]. 北京:中国出版集团,2013.

[12] 秦亚青. 实践与变革:中国参与国际体系进程研究[M]. 北京:世界知识出版社,2016.

[13] 编写组. 中国特色社会主义理论与实践研究[M](2015年修订版). 北京:高等教育出版社,2015.

[14] 吕志. 中国特色社会主义理论与实践研究[M]. 广州:华南理工大学出版社,2016.

[15] 美国国家远程通信和信息管理局. 在网络中落伍:定义数字鸿沟[R]. 北京:中国社科文献出版社,2002.

中文期刊部分

[1] 于津平,顾威. "一带一路"建设的利益、风险与策略[J]. 南开学报(哲学社会科学版),2016(1).

[2] 翟崑. "一带一路"建设的战略思考[J]. 国际观察,2015(4).

[3] 周方银. "一带一路"面临的风险挑战及其应对[J]. 国际观察,2015(4).

[4] 田惠敏,曹红辉. "一带一路"的动因与挑战[J]. 全球化,2015(6).

[5] 王义桅,郑栋. "一带一路"战略的道德风险与应对措施[J]. 东北亚论坛,2015(4).

[6] 刘卫东. "一带一路"战略的科学内涵与科学问题[J]. 地理科学进展,2015(5).

[7] 田惠敏,田天,曾琬云. 中国"一带一路"战略研究[J]. 中国市场,2015(21).

[8] 储殷,高远.中国"一带一路"战略定位的三个问题[J].国际经济评论,2015(2).

[9] 金玲."一带一路":中国的马歇尔计划?[J].国际问题研究,2015(1).

[10] 安晓明.我国"一带一路"研究脉络与进展[J].区域经济评论,2016(2).

[11] 李丹,崔日明."一带一路"战略与全球经贸格局重构[J].经济学家,2015(8).

[12] 宋国友."一带一路"战略构想与中国经济外交新发展[J].国际观察,2015(4).

[13] 施展.世界历史视野下的"一带一路"战略[J].俄罗斯研究,2015(3).

[14] 黄益平.中国经济外交新战略下的"一带一路"[J].国际经济评论,2015(1).

[15] 鲁品越,王永章."三大陷阱":中国面临的新的历史性挑战[J].红旗文稿,2017(8).

[16] 深刻把握"十三五"时期重要战略机遇期的内涵变化[J].求是,2016(5).

[17] 本刊记者.三重内涵:注入中国和世界发展新动力[J].宁波经济,2014(10).

[18] 乔刚.生态价值观——人与自然协调发展的必然价值取向[J].消费导刊,2008.

[19] 沈卫平.改革收入分配制度,维护社会公平正义[J].现代经济探讨,2014(11).

[20] 洪鹏远,陈波.改革开放三十年来我国社会利益关系的十大变化[J].马克思主义研究,2008(9).

[21] 谢俊.和谐社会视阈中的我国社会治理创新[J].探索,2005(6).

[22] 黄建军.从社会管理到社会治理的多维困境[J].探索,2014(2).

[23] 周庆智.社会治理体制创新与现代化建设[J].南京大学学报(哲学·人文科学·社会科学),2014(4).

[24] 蔡长昆.合作治理研究述评[J].公共管理与政策评论,2017(1).

[25] 闫温乐,张民选.向国际组织输送人才:来自瑞士的经验与启示[J].比较教育研究,2015(8).

[26] 陈家刚.协商民主研究在东西方的兴起与发展[J].毛泽东邓小平理论研究,2008(7).

[27] 金安平,姚传明."协商民主":在中国的误读、偶合以及创造性转换的可能[J].新视野,2007(5).

中文报刊部分

[1] 钟声.承载人类生态文明的希望[N].人民日报,2015-03-05(3).

[2] 杭春燕."硬考核"让地方领导担起治水重责[N].新华日报,2012-9-28(12).

[3] 罗建波.大国外交新思维与中国的国际责任[N].学习时报,2014-05-05(2).

[4] 何中.践行亲诚惠容理念打造周边命运共同体[N].人民日报,2014-02-27(8).

外文译著部分

[1] [美]阿尔·戈尔.濒临失衡的地球——生态与人类精神[M].陈嘉映,译.北京:中央翻译出版社,1997.

[2] [美]雷切尔·卡逊.寂静的春天[M].吕瑞兰,李长生,译.上海:上海译文出版社,2015.

[3] [美]玛莎·芬尼莫尔.国际社会中的国家利益[M].袁正清,译.上海:上海世纪出版集团,2012.

[4] [美]罗伯特·基欧汉.霸权之后:世界政治经济中的合作与纷争[M].苏长河,等,译.上

海:上海人民出版社,2001.

[5][美]斯科特·巴雷特.合作的动力:为何提供全球公共产品[M].黄智虎,译.上海:上海世纪出版集团,2012.

[6][美]罗伯特·基欧汉,海伦·米尔纳.国际化与国内政治[M].姜鹏,董素华,译.北京:北京大学出版社,2003.

[7][法]托马斯·皮凯蒂.21世纪资本论[M].巴曙松,等,译.北京:中信出版社,2014.

[8][美]汉密尔顿,杰伊,麦迪逊.联邦党人文集[M].程逢如,在汉,舒逊,译.北京:商务印书馆,1980.

[9][美]詹姆斯·博曼,威廉·雷吉编.协商民主:论理性与政治[M].陈家刚,等,译.北京:中央编译出版社,2006.

[10][法]托克维尔.旧制度与大革命[M].钟书峰,译.北京:商务印书馆,1995.

外文翻译期刊部分

[1][澳]何包钢.儒式协商:中国威权性协商的源与流[J].黄徐强,译.政治思想史,2013(4).

[2][英]斯蒂芬·艾斯特.第三代协商民主(上)[J].蒋林,李新星,译.国外理论动态,2011(3).